Wilhelm Ludwig Wekhrlin

Paragrafen

Wilhelm Ludwig Wekhrlin

Paragrafen

ISBN/EAN: 9783744654784

Hergestellt in Europa, USA, Kanada, Australien, Japan

Cover: Foto ©Suzi / pixelio.de

Weitere Bücher finden Sie auf **www.hansebooks.com**

Paragrafen.

von

Wekhrlin.

Zweites Bändchen.

<o>

1791.

Paragrafen.

von

Wekhrlin.

Zweites Bändchen.

Der Teufel ist nicht allzu schwarz.

Eine Konversation.

———

Mit dem Buch in der Hand und Joly auf'm Schooß sas das Fräulen Nettchen Rosenblatt, die Tochter des königlichen Konferenzraths Herrn von Rosenblatt, in ihrer Sommerlaube. Gegen ihr über sas ihr Mädchen mit dem Strikzeug.

In dieser Lage traf sie der junge Kraftmann. Herr Kraftmann ist ein junger Nabob; das heißt, der Sohn eines Bankirers, welcher Pflanzungen in Westindien besizt. Er kam kürzlich von seiner großen Reise zurük. So spricht man von einem jungen Kauf-

A 3   mann,

mann, wenn er über Meer war. Fräulen
Nettchen hingegen ist wohl erzogen: das ist,
sie liest und spricht. Diese Konversation
muste also, wie sich denken läst, anziehend
werden.

In der That verdient sie, daß wir sie
aufbehalten. Sie gehört zum guten Ton
des heutigen Tags. Ueberdies giebt sie uns
Aufschlüße in einer Materie, welche die Em-
pfindsamkeit des Publikums beschäftigt. Man
wird sehen, daß noch nicht Alles gesagt ist.

Hier ist der Inhalt ihres Gesprächs, so
wie wir ihn aus der Ueberlieferung des Kam-
mermädchens haben.

Der Herr.

Madame: meine unterthänige Verbeu-
gung! Ich suche den Herrn Konferenzrath.
Man sagt, er wäre im Garten. Allein wie
ich sehe: so ist mir das Glük noch günsti-
ger als ich hofte.

Das

Das Fräulen.

Keine Miseeren! Es ist mir lieb, daß ich Sie sehe. — Mein Vater wird nicht weit seyn. — Sagen Sie mir inzwischen, wenn man fragen darf, ists wahr, daß Sie aus Westindien kommen?

Der Herr.

Zu dienen, meine Gnädige. Und just bin ich in der Absicht hier, mir einen Paß nach Guinea zu erbitten.

Das Fräulen.

Also auch Sie, Kraftmann! — Wehe uns! Sie wären, wie man sagt, ein ganz liebenswürdiger Mann, trieben Sie dieses unselige Gewerbe nicht. So oft mir Inkle und Jariko einfällt: so möchte ich Sie und Ihres Gleichen verabscheuen. Gestehen Sie's, ich glaube, Sie könnten Ihre Geliebte auch verkaufen, wenn Sie eine hätten.

Der Herr.

Wenn sie Konto tournirte. — Vergeben Sie, Fräulen, der Sprache des Kaufmanns.
. . . . .

A 4   Das

Das Fräulen.

Geniren Sie sich nicht: ich liebe die Aufrichtigkeit. (Für sich: So jung und so roh!) Und um Ihnen darauf zu dienen, so sage ich Ihnen, wenn ich Königin zu Congo wäre, so ließ ich Sie aufhängen.

Der Herr.

Vortreflich! Sie wüßten Ihre Gäste nicht besser zu bewirthen.

Das Fräulen.

Ja, dieser Handel sollte mir aufhören, oder ich wollte meine Krone mit Füßen zertretten.

Der Herr.

Aber dann dürften Sie auch Ihren Thee ohne Zuker nehmen; und Joly müßte Pompernikel für Biskuit fressen.

Hier sprang Joly vom Schooß und bellte hoch auf.

Das Fräulen.

Grausamer Schäfer! So wißt ihr Unmenschen also die Laster zu verkuppeln?

Der

Der Lux muß die Sklaverei entschuldigen.
O Leute! O Sitten!

Der Herr.

Jedes Ding hat, wie Herr Senator
Denkpfennig zu sprechen pflegt, zwo Seiten,
eine linke und eine rechte. Was in der Moral schlimm scheint, kan in der Politik und
im Hausbrauch sehr gut seyn.

Das Fräulen.

Sie haben also die Rede des Herrn Fox
nicht gelesen?*)

Der Herr.

Ich bitte nochmal, englisches Fräulen:
aus Reden entsteht weder Zuker noch Koffe.

Das Fräulen.

Antworten Sie mir ernsthaft, junger
Herr. Ists erlaubt, ists menschlich, daß

A 5   die

*) Vermuthlich zielt das Fräulen hier auf die be-
rühmten Debatten, die in der gegenwärtigen
Parlamentssizung über den Negerhandel vor-
fielen.

die Natur nur der Wolluſt und dem Geiz
fröhnen ſoll. Muß eine ganze Nation erniedrigt, bis zum Viehe erniedrigt werden,
um unſerm Frübeſtük einen Hochgeſchmak zu
geben. Was Mich betrift, ich gebe Ihnen
mein Wort, daß ich meinen Koffe mit Honig oder mit Senfſaft trinken will — ſo-
bald es Mode wird.

Der Herr.

Werden alsdenn weniger Sklaven in der
Welt ſeyn?

Das Fräulen.

Hah! Leider weis man, daß die Menſchen nur allzuſehr vergeſſen haben, wer ſie,
und wer Ihresgleichen ſind; daß die Sklaverei das Beiſpiel aller Nationen und aller
Völker vor ſich; daß ihr ſogar die Religion
das Wort geredt hat; man weis, daß der
Negerhandel durch Bullen und Fakultäts-
ſprüche kanoniſirt iſt. Alles Das weis man.
Aber ich dächte, mein Freund, eine böſe
Sitte macht keinen Grund; und Misbrauch
könnte das Urrecht der Natur und der
Menſchheit nicht verjähren.

Der

Der Herr.

Wie: wenn aber der Negerhandel ge=
wiße Gründe hätte, solide Gründe, Gründe
die sich nicht von Religion und Fakultät
herschreiben.

Das Fräulen.

Die wäre ich begierig zu hören. — —
Seine Eltern, seine Kinder verkaufen! —
Husch! die Haut schaudert Einem! —

Der Herr.

Wenn man sie nicht anderst ernähren kann:
so thut man ihnen eine Wohlthat. Jeder
Neger ist gebohrner Sklav. So lautet der
Kanon dieses Volks. Jeder hat das Recht,
sich selbst, seine Eltern oder Kinder zu ver=
kaufen; sie sind ein Eigenthum. So lautet
die Jurisprudenz dieser Nation. Werfen
Sie, ich bitte, Madam, einen Blik auf un=
sere Fündlings= oder auf unsere Militärwai=
senhäuser. Kan man im gesitteten Europa
ohne Freiheit gebohren werden, warum nicht
in der Barbarei.

Das

Das Fräulen.

Sein Weib! — — Abscheulich!

Der Herr.

Das heißt, seine Sklavin. Sie beurtheilen die Kondition des Frauenzimmers am
Senegal nach jener in Europa. Und Dies
ist der zweite Irrthum, den ich die Ehre
habe, Ihnen zu benehmen.

Das Fräulen.

Seine Unterthanen! — Immer ärger.

Der Herr.

Kennen Sie den Contract social dieser
Völker? Lassen Sie sich ihn erklären, Madam. — Es ist nicht jener Hanns Jaks. —
Vergleichen Sie ihn mit dem Staatsrecht
der europäischen Regenten: so werden Sie
sehen, daß es Rechtens ist, daß es sich ge-
ziemt, zum Nuzen des Staats mit seinen Unterthanen zu wuchern. Erlauben Sie mir
die einzige Note zum Text: die schwarzen
Fürsten verkaufen noch immer nur die Freiheit

heit der Menschen, ihre Brüder die weißen
aber sogar das Leben.

Das Fräulen.

Aber aufm Jahrmarkt wenigstens nicht.
Menschen wie Vieh zu Plaze treiben! Die
Natur am hellen Mittagslicht entblößt dar-
stellen! Sie wägen, betasten — — Ueber
die Ungeheure!

Der Herr.

Sie trefen immer auf sich selbst, nehmlich auf unsere eigenen Sitten. Fragen Sie
den Herrn Rittmeister, ihren Herrn Bruder, wie er seine Rekruten aufnehme. Mein
Faktor zu Sainte Croix visitirt seine Schwarzen weder weitläufiger noch schärfer als sein
Feldscheer. Uebrigens: beleidigt man Jemand, der von Geburt an nakt geht, indem man ihn entkleidet?

Das Fräulen.

Nein. Aber indem man ihn beim lebendigen Leib anatomirt.

Der

Der Herr.

Die Negern sind Hausthiere in unserer Physik. Würden Sie leiden, daß Ihr Schafner ein Pferd oder eine Kuhe einstellte, ohne von ihrer Brauchbarkeit versichert zu seyn?

Das Fräulen.

Ziehen wir den Vorhang über diesen Gegenstand. — Seine Geliebte verkaufen! Dies ist das Schreyendste unter allen. O Männer! Falsches und barbarisches Geschlecht! — — Allein ich erhize mich. Ihr Geschlecht ist's nicht würdig.

Der Herr.

Die Parthie ist zu ungleich, um den Advokaten meines Geschlechts gegen einen so scharfsinnigen Richter zu machen. Sonst würde ich sagen: Madam, eine schöne Fabel macht keine Thatsache. Indeßen rächen die Negressen die Barbarei Inkle's sehr gut in den Armen ihrer Herren. Sie entführen solche häufig — zwar nicht, um sie zu verkaufen, sondern um sie zu feßeln.

Das

Das Fräulen.

Pfui, Herr Kraftmann! Wer wird eine Schwarze lieben können?

Der Herr.

Fräulen: der Kodex der Liebe ist noch nicht geschrieben. Die Negreſſen, ſpricht der Apoſtel der Geſchichte beider Indien, ſind bewundernswürdig in der Kunſt, Leidenſchaft zu erweken. Jene, welche die Urſachen aufſuchten, warum der Geſchmak unſerer Faktore an den Schwarzen, ſo verkehrt er zu ſeyn ſcheint, gleichwol ganz raſend iſt, ſchreiben es dem Klima, welches unter dem heißen Erdgürtel das Blut mehr in Wallung ſezt, der Leichtigkeit der Eroberung, der mindern Mühe im Genuß, dem natürlichen Feur der Negreſſen, welches ſie zur Wolluſt empfindſamer und reger machen ſoll, und denn vornehmlich ihrer ausnehmenden Treu und Zärtlichkeit in der Liebe, zu. In dieſem Punkt hat man in den Inſeln ſublime Züge; Züge, die alle unſere Romanen beſchämen. Ja, Madam, durch dieſe Mittel üben die Negreſſen in den Kolonien eine eben ſo unumſchränkte,

schränkte, obwohl sanftere, Herrschaft aus,
als ihre Gespielinen in Europa. Sie bauen
und zerstöhren Reichthümer so gut als die
Buhlschwestern zu Paris und London. Mit
Einem Wort, sie rächen sich vollkommen für
die Leiden ihrer Landsmänner und das Schiksal der Jariko.

Das Fräulen.

Genug! Sie sind, wie ich sehe, von
der Kolonieluft angesteckt. — Zur Ordnung!
Wie können Sie das Einfangen, den Trans-
port, überhaubt die ganze Menagerie dieser
Unglüklichen, entschuldigen? Es schreit zur
Natur und ihren Göttern.

Der Herr.

Das Mittel, es zu ändern? — Indeß
ists bei weitem nimmer so arg. Das grelle
Gemälde, das wir vom Negernhandel hatten, hat sich in sanftere Farben aufgelöst.
Es war an sich selbst übertrieben theils vom
Fanatism, der seine Gegenstände immer
schief ansieht, und im Punkt der bürgerlichen Geschäfte stockdumm ist, theils von der
allge-

allgemeinen Windsucht der Wanderer. So
wie die Verfeinerung der Sitten, und die
Aufklärung der Begriffe in Europa zunimmt,
so theilt sie sich auch den Kolonien mit.
Man hat keinen Nuzen besser einsehen gelernt. Man hält die Sklaven gegenwärtig
für kostbare und nüzliche Thiere, die man
schonen muß, um ein Kapital, das täglich
seltner wird, zu erhalten. Mit dem sittli-
chen Schwung unserer Einsichten und unserer Empfindungen — denn man darf behaubten, daß es heut zu Tag mehr als Einen Schildrup und Wilmouth giebt *) —
hat sich die Gesezgebung selbst vereinbart.
Wir können dreust annehmen, daß das Schiksal der Sklaven in Westindien sich um zwei
Drittel verbessert hat.

Das Fräulen.

Und Das sollte man glauben? Kraftmann! Sie rühren mich. Fahren Sie
fort: ich beschwöre Sie.

Der

*) Den erstern dieser menschfreundlichen Pflan-
zer findet man beym Raynal, den leztern
im Zimeo.

II. Bändchen.　　　B

Der Herr.

Wie glüklich, daß es mir gelungen ist, Ihre Aufmerksamkeit zu verdienen. Erlauben Sie, Fräulen, daß ich es mir zu Nuzen zu machen suche. Lassen Sie uns eine Vergleichung anstellen zwischen dem Negre in Afrika und dem Negre in Westindien. Ausgestrekt auf einen sengenden Sand, und umrungen von Hunger, Durst, und allen Arten des Mangels führt der Negre in seinem Vaterland ein wildes und unsicheres Leben. Die ganze Natur um ihn herum ist öde und fruchtlos. Umsonst düngt er die undankbare Erde mit seinem Schweis: sie giebt ihm Nichts als eine trokene und bittere Wurzel *). Er schmachtet im Müßiggang, dem grausamsten unter den Feinden des menschlichen Daseyns, und in einer gänzlichen Verthierung. Ohne Gesez und ohne Polizei nur dem Eigensinn eines rohen Despoten unterworfen, ist er nie gesichert, von grausamen Pfaffen einem Fetisch geopfert, oder bei den unmenschlichen Spielen des Fürsten zur

*) Manioe.

zur Luft ermordet zu werden. So erlebt er
selten ein Mannsleben. Er hat ordentlich
mit zwei wütenden Krankheiten zu kämpfen,
wofür ihm weder Arzt noch Arzney verlie-
hen ist. Und überwindet er diese: so findet
ihn der Tod, entweder auf einer Hangmatte
oder in einem Kahn, ausgeschlossen von allen Reizen der Natur und von jedem Ge-
nuße des Lebens. — Sein Bruder hingegen
zu Martinique oder Porto Rico ist gekleidet, gepflegt, genährt. Er wohnt in Häusern, und sieht seine Kinder auferzogen und
versorgt. Ihn schüzen Gesezze, und die Ty-
rannei seines Herrn kan nur bis zu einem
gewißen Grad gehen. Er hat sogar ein Eigenthum; denn die Regirung hat den Sklaven einen bis zween Tage von der Woche
zu ihrem Privatgebrauch geschenkt. Man
kennt Schwarze in Europa, in Asien, und
selbst in Westindien, welche ein Glük gemacht haben, welches kein König in Afrika
besizt. Mit Einem Wort, unser Negre lebt
in Thätigkeit und Arbeit, der Würze des
Daseyns. Die zwo Nationalkrankheiten verfolgen ihn selten bis über die Linie; und

B 2 als-

alsdenn sind ihm Arzt, Mittel und Pflege vorbehalten. In der That stirbt er in den Armen der menschlichen Gesellschaft, und nicht selten in jenen seines Herrn, der sein Freund worden. •

Das Fräulen.

Hohlen Sie Athem, lieber Herr Kraft-mann: so höre ich Ihnen gern zu. — Ach! wenn nur Alles Dem so wäre!

Der Herr.

Die Probe ließe sich leicht machen, wenn man in irgend eine Koloniezeitung sezen woll-te, daß die Schwarzen frei wären, und je-der nach Belieben heimgehen könnte. Der Kalkul von Einer aufs Ganze sollte nicht schwer seyn. Man kan wetten, daß von siebenmal hunderttausend, die in den euro-päischen Pflanzungen vegetiren mögen, kaum ein Zehntel den Vorschlag annehmen sollte *).

Das

----

*) Und denn, durfte Herr K. hinzusetzen, ist nicht genug, sie zu entlassen; man müste sie auch versorgen. Sie dem Schiksal blosgeben, wie die

Das Fräulen.

So betrögen uns also die Reisebeschrei-
ber, die uns so viel von der Verzweiflung
der Negern in Westindien predigen?

Der Herr.

Gegenstände von dieser Art, die zum
großen Zusammenhang der Dinge und des
gesellschaftlichen Systems gehören, erfodern
auch einen großen Blik. Ein einäugigter
Missionar mit dem Mikroskop in der Hand,
ein scheelsüchtiger Schiffer faßt einzelne,
flüchtige Züge auf. Diese generalisirt er.
Der Mann von Kopf schaut ins Ganze. Da
sieht er . . . . . .

Das Fräulen.

Was? — Beim Himmel, was sollte er
Gutes sehen!

B 3   Der

die Väter von der Sklavenerlösung die ihrigen, hieße, sie noch unglücklicher machen,
als sie itzt sind. Und dies müßte vielleicht eine größere Inkonvenienz verursachen, als die
Entlassung selbst. Hier ist also die Menschliebe im Conflikt.

Der Herr.

Daß die Sklaverei das Erbtheil des bürgerlichen Menschen ist; daß sie das älteste
Gesezz der Gesellschaft war; daß sie bey
allen Nationen auf dem Erdboden, vom
Volk Gottes an bis auf die Hottentoten, eingeführt ist; daß die edelsten und weisesten
darunter, die Römer und Griechen, nicht
davon frei waren; daß sie also ein nothwendiges Uebel in der Welt seyn müsse. Ja,
Madam, überall sehen wir die Freiheit im
Gleichgewicht mit der Sklaverei; und der
Philosoph Esop war der Sklave eines andern Philosophen.

Das Fräulen.

Was erlebt man nicht! Sogar die Sklaverei findet ihre Sophisten.

Der Herr.

Nicht ganz: wenn Sie erlauben. Durch
die Aufhebung des Negernhandels würden
Fünfzig Millionen Aerme müßig werden;
die Künste und die Gewerbsamkeit würden
stillstehen; und die Hälfte der Welt würde
ver-

verhungern. Denn die Fabriken in Europa und den beiden Indien, und beinahe die ganze Schiffahrt beruhen auf dem Handel mit unſern, und der Verarbeitung fremder Produkte.

Das Fräulen.

O Herr Kraftmann, mich] dünkt, Sie gehen zu weit. Laſſen Sie uns einlenken.

Der Herr.

Nicht genug. Die allgemeine Freiheit liefe ſelbſt Gefahr. Wir würden die Sklaven derjenigen werden, die wir frei gemacht hätten. Denn die Sklaverei iſt eine unmittelbare Folge vom Barbarism: und in dieſen müſte Europa zurükfallen, wofern der Handel und die Künſte ſtillſtünden, welche die Quelle der Aufklärung ſind.

Das Fräulen.

Sie machen mir bange. Bleiben wir bei Grundſäzen. Wer giebt Ihnen das Recht, Ihresgleichen zu unterdrüken, um beſſer leben zu können? Denn Gewohnheit hei

ligt,

ligt, wie Sie mir zugestehen werden, nicht
Sünde.

Der Herr.

Wäre ich König, Madam, so würde ich
antworten: das Recht des Stärkern. Als
Philosoph würde ich Ihnen versezen: die
Stimme der Natur. Sie hat offenbar zwischen den Negern und den Europeern den Unterschied gesezt, den sie zwischen Hunde und
dem Menschen gesezt hat *). Als Kaufmann
beziehe ich mich lediglich auf die Freiheit
des Handels.

Das Fräulen.

Wissen Sie, was man jüngst in der Gesellschaft bei Olinden davon sprach? Wenn
der

---

*) So sagen die Philosophen in Westindien. Man
behauptet, die Schwarzen erkennen die Su-
periorität der Europeer selbst, indem sie eine
abgöttische Bewunderung für unsere Hand-
lungen und unsere Vernunft hätten. Das
mus nun nicht in der Natur liegen, wenigstens nicht allgemein seyn. Vielleicht ist es
nur eine Folge vom Druk, und von unserer
barba-

der Kaffee in Europa abgeschaft, und der
Zichorienſaft dafür eingeführt würde, ſo müſ-
ſte jede Wirthſchaft, ineinander gerechnet,
jährlich 5 Thaler erſpahren. Ich weis nimmer, wie viel es betrug. Es war eine ungeheure Summe. Genug, der Kammerjun-
ker Lackmartin bewies, daß man dreißigtau-
ſend arme Mädgen damit ausſtatten könnte.

Der Herr.

Aber ſechzigtauſend würden dafür ledig
bleiben. Und was noch ſchlimmer iſt: ſo
würden unter der Ausſteur jener Bräute keine Unterröckchen von Indienne ſeyn dörfen;
B 5   denn

barbariſchen Politik, ſie in der Dummheit zu
erhalten. Denn man hat welche Schwarze in
Europa kennen lernen, die es in der Feinheit des Geiſts und der Sitten, in der Aus-
bildung ihrer ſelbſt, auf einen eminenten
Grad gebracht haben. Herrn Angelo in
Wien, die Kammermohren der Marquiſe von
Pompadour und des Lord Sandwich
z. B. — um von Vielen nur einige anzu-
führen.

denn diesen würde man weder mehr fabriziren, noch färben können.

Das Fräulen.

Frecher Spötter! Ich frage mit Einem Wort: ob Sie sich getrauen, mit Ihren Grundsäzen im Himmel einzutretten?

Der Herr.

Keck und kalt, meine Gnädige. Ich würde, den Brief Pauls an Philemon in der Hand, anklopfen; ich würde seinen Freund den heilligen Peter, bitten, mich nach der Loge der Patriarchen, der Bischöfe, der Nonnen und aller christlichen Ritter zu weisen, welche Sklaven hielten, und die Menschliebe, es sei unter dem Titel von Kreuzfahrt, oder von Leibeigenschaft, oder von Kriegsdisciplin, oder von Galeerenrecht, ausüben, und ich sollte mir schmeicheln, in gute Gesellschaft zu kommen *).

Das

---

*) Fürwahr, die Bewohner von Afrika sind noch glüklich, daß bei ihnen weder die Inquisition, noch das europäische Kriminalrecht ein-

Das Fräulen.

Traun! Mit Was kan man Ihnen antworten?

Der Herr.

Mit dem Einfall des Harlekin: c'est tout comme chéz nous.

Hier trat der Herr von Rosenblatt ein. Er lies sich den Streit vortragen. Lächelnd that er den Ausspruch:

„Recht auf beiden Seiten! Ihnen, meine Tochter, steht es gut an, sich für Tugend und Menschlichkeit zu interessiren; und Sie, junger Mann, thun wol daran, Ihren Beruf zu vertheidigen. Das Uebrige wollen wir

der

eingeführt ist. Wenn es unsern Kaufleuten einst gelingen sollte, diese Ressource bei ihnen zu etabliren; dann würde der Negernhandel unendlich mehr Interesse gewinnen; die Sklaven, deren Anzahl izt so sehr abnimmt, würden vermuthlich merklich häufiger und wohlfeiler werden.

der Zeit, dem großen Arzte, überlassen. Sie
wird das Uebel ohne Zwang heilen; indem
sie entweder die Menschenquelle in Guinea
vertroknen lassen wird, die bereits schon
seichte genug läuft, oder indem sie die Revolution, von welcher die Philosophen weise
sagen, herbeiführen, und die Kolonien gänzlich von Europa trennen wird."

Die

Die Blaufüchse.

Eine schinesische Anecdote.

Wer weis nicht, daß gegen das Ende des
Kaisers Xun = Hi, welcher Schina über ein
halbes Jahrhundert beherrscht hat, die Mis=
bräuche der Regirung über Hand nahmen.
Alles Ansehn des Thronerben und seiner
Freunde konnte den Staat nicht vor den In=
triken der Höflinge mehr schüzen, die einan=
der die Losung gaben.

Zu dieser Zeit ereignete sich eine Bege=
benheit, welche das Journal von Pecking
unter dem Nahmen des Mährchens von den
Blaufüchsen erzählt.

Das Alter des Kaisers hatte ihn auf bei=
den Augen geblindet. Er hieng ganz am
Gängelband seiner Buhlerin, der berühmten
Zi = Zi. Wem es nun immer, worinn es
wolle,

wolle, gelingen sollte, der muste der alten
Pipa, ihrer ersten Kammerfrau, gefallen.
Frau Pipa war die Milchamme der schönen
Zi = Zi: von dieser Zeit an beherrschte sie
selbige.

Das Mittel, der Amme den Hof zu machen, war sonderbar. Frau Pipa war, nach
der Mode alter Freudentöchter, eine Beth-
schwester worden. Täglich kniete sie also
zwo Stunden, eine des Morgens, die andere des Abends, in ihrem Kabinet, indem sie,
während sie ihren Rosenkranz bethete, den
bloßen Hintern ausrekte. Diesen küßte man
nun.

Wer die Gebräuche dieses Lands nicht
weis, oder die Reisebeschreibung des ehr-
würdigen Pater Vertot nicht gelesen hat,
dem wird die Fantasie der Schinesen un-
glaublich vorkommen. Aber wie sehr muß
man sich über Das wundern, was dieser
Autor hinzusezt. Man wetteiferte, wer der
Erste war, und mit mehr Grazie küssen konnte. Der Hintere der Milchfrau war der
Mit-

Mittelpunkt des öfentlichen Kults. Man
überlief, man überrennte einander.

Unter dem jungen Adel, der sich darinn
hervorthat, war der Mandarin Mem = Cu.
Niemand küste mit mehr Feinheit: Niemand
wuste den Brennpunkt, worauf sich der Kü=
zel bei der Frau Pipa vereinigte, genauer
zu treffen. Diese Dame machte ihn daher
zu ihrem Liebling. Sie nannte ihn das Ta=
lent unique. Nicht genug, sie erhob ihn
zum Fu = Ma: das heist zum Vicestatthal=
ter von Pecking.

Mem = Cu war von einem erlauchten
Blut. Seine Ahnen bekleideten die erhaben=
sten Staatswürden. Sie waren Mandarine
vom ersten Rang. Re = Cu, einer dersel=
ben, war, wie die Kronik sagt, Liebling
des berühmten Kaisers Van = Lie. Dieser
Kaiser vertraute ihm die rare Vollmacht,
seine Braut, die Prinzessin von Geschian,
abzuholen, und sich in seinem Nahmen mit
ihr trauen zu lassen.

Dies

Dies war die Prädestination des edlen Re-Cu, daß er bei einer Prinzessin schlafen sollte, immittelst sein Urenkel die Bordelle in der Papagoyenstraße durchlief. In der That hatten die Anherrn des Mem-Cu, durch die Freigebigkeit der schinesischen Kaisere, sich soviel Reichthümer erworben, daß dieser hundert Lustdirnen, worunter sich selbst eine Neapolitanische Sängerin befand, nötig hatte, um sie zu verschwenden, und es so weit zu bringen, den Hintern der Frau Pipa küssen zu müssen.

Eine von den Krisen dieser Staatsepoke war die Projektensucht. Alles was fünf Finger und ein Näpfchen Tusch besaß, schmierte Projekte. Je höher der Galgen war, den ein Projekt verdiente, desto mehr erhob es seinen Meister. Die Kunst Projekte zu machen war das Kampfroß der Genieköpfe, und der Pakesel der unglüklichen Ritter in Schina.

Ungeachtet des Glanzes seiner Geburt besaß der Vicestatthalter nicht ein einziges Verdienst,

dienſt, woran man ihn erkennen konnte. Die Ausſchweifungen, worinn er ſich wälzte, hatten jeden Keim von Sittlichkeit und Tugend in ihm erſtikt. Und durch den Umgang mit Kupplern, Wucherern und Sachwaltern, wozu ihn die Unordnungen ſeines Lebens und ſeines Vermögens gebracht hatten, war ſeine Seele zu einer gewiſſen Ränkeſucht und Niederträchtigkeit herabgeſpannt, welche jedem heilloſen Vorſchlag den Zutritt öfnete.

Da er, als Fu-Ma, über die Reſidenzſtadt herrſchte, ſo ſchien den Wünſchen eines Mannes, deſſen herrſchender Geſchmak die Wolluſt war, Nichts mehr abzugeben; indem ihn der Umfang ſeines Sprengels mit Nimfen von aller Art verſah. Unterdeß glühte noch ein Trieb in der Bruſt Mem-Cu's. Und dieſer iſts, welcher eine der denkwürdigſten Begebenheiten in der ſchineſiſchen Regirung veranlaßte.

Mem-Cu ſah die meiſten Mandarine ſeiner Klaſſe mit dem Tanſican prangen. Dies iſt ein Stük Goldblech, welches man an einem feurfarbnen Band vor der Bruſt trägt.

II. Bändchen.   C   Eine

Eine Art von Talisman, welcher den Poebel bezaubert, und Denjenigen, der ihn an sich hat, in einen Nimbus verhüllt, so daß man ihn für einen großen Mann hält. Die Monarchen geben es daher ihren Günstlingen zum Ersaz des Verdiensts, so ihnen abgeht. Der izige Kaiser Cam=Hi aber, hat es, wie er zu seinen Vertrauten zu sagen pflegt, zum Zeichen der Verachtung für Denjenigen, dem er's giebt, bestimmt.

Unter der Regirung des Xan=Hi nun war dieser Tanstcan unentbehrlich. Er stempelte den Esel zum Genie, und den Wicht zum großen Herrn. Auch mus man gestehen, daß sich Mem=Cu alle mögliche Bemühung gab, welche Leuten seiner Art ansteht, um dieses Blech zu erwerben. Denn, nachdem er es einmal dahin gebracht hatte, nach der Gnade des Hofs zu betteln: so gieng ihm, um sich gänzlich wegzuwerfen, Nichts mehr ab, als ins Spital der Unheilbarn zu kommen. Und Dies war der geheime Grund, warum er den Hintern der Frau Pipa anbethete.

Rouſ.

Rousseau und Lessing.

Ja: sehr wohlgedacht ist's, dem Apostel der menschlichen Freiheit einen Altar zu errichten. Man kan auf nichts Schöneres verfallen. Ich beneide den Herrn Barrere um seine Motion *). Vor all' andern möglichen möchte ich sie gemacht haben. Wenn man zeigt, daß man Verdienste zu schätzen wisse, wie sehr läßt man vermuthen, daß man selbst welche habe.

C 2

Allein

*) Hier ist sie.

> „Meine Brüder. Kürzlich faßten wir einen feyerlichen Schluß ab, daß dem vaterländischen Verdienst Denkmäler geweiht werden sollten. Diesem edlen Beschluß gemäß habe ich die Ehre, der Nationalversammlung einen Antrag zu thun. Er betrift die Wittwe eines berühmten Franzosen — Desjenigen, dessen Asche unser Orakel, und auf dessen Nahmen die Nation stolz ist. Mit Einem

Wort:

Allein falsch ist's, was die Kläffer hinzusezen, daß große Ideen nur im Lande der Freiheit entsprängen, und die Tugend ihren Werth blos in Republiken fände. Es ist gut, das Schöne loben: aber man muß keine schiefe Folgen ziehen — aus Furcht, den Hohlköpfen und den Plakscheißern in die Hände zu fallen.

Friedrich's II Regirung war gewis eine der unumschränktesten. Inzwischen sah man das

Wort: es ist der unsterbliche Rousseau. Seine Wittwe schmachtet in der tiefsten Armut. — Ja, meine Herren, die Freundin, die Gesellschafterin dieses theuren Mannes ist bis zum Allmosen erniedrigt. Dieses brandmarkt den französischen Nahmen. — Zu billig und zu einsichtsvoll, um den Verläumdungen Plaz zu geben, womit die Kabale den Stifter des gesellschaftlichen Vertrags verfolgt hat, sehe ich die Versammlung hier gerührt. — In der That, so erboßt, so unversöhnlich war die Furie bei seiner Asche, daß sie sogar seine Wittwe nicht verschonte. Man bezüchtigte sie, als ob sie den

das Verdienst griechisch-groß belohnt. Dieß beweisen die Marmor auf dem Wilhelms-platz zu Berlin. Die Tableaux zu Sarskoe-Selo, die porphyrne Palläste der Fürsten Orlow und Potemkin; das Mausoleum des Grafen von Sachsen ꝛc. ꝛc. sind einstimmige Zeugen von der Großmut des Despotism.

Hingegen hat das Haus Oranien noch kein Monument in Holland. Zu Venedig, zu Genua findet man nicht Eine Spur, um

C 3   die

ben illustren Nahmen ihres Gatten und Wohl-thäters durch eine Seiner unwürdige Heirath entehrt hätte. Gütige Götter! Wo schikt sich's mehr, die unterdrükte Wittwe des Na-tional-Schuzgenies zu rechtferttigen, als im Tempel der Nation? Wer ist den Manen des Gesezzgebers der Menschheit mehr Ge-rechtigkeit schuldig, als Wir? Nein: nie hat sie sich vergessen; nie hat sie ihre Wür-de beschimpft. „Nicht für eine Krone möcht' ich den Titel: Rousseau's Wittwe ver-tauschen *). Dieß ist ihr täglicher Ausdruk.

— Das

*) A vous Messieurs, Campe et Compagnie!

die Verdienſte der Doria, der Fra ⸱ Paoli
ꝛc. ꝛc. zu verewigen. Die ganze Schweiz
enthält kein Denkmal der öfentlichen Dank⸱
barkeit. Und ihr könnet die ſogenannten
Freyſtädte des heiligen römiſchen Reichs
vom Lech bis zur Amſtel durchziehen, ohne
über eine Ehrenſäule zu fallen.

Zum

— Das Zeugnis hier ⸱ und über die Untadel⸱
haftigkeit ihrer ganzen Aufführung überhaubt
liegt im Munde der Pfarrer zu Ermenonville,
und zu Pleſſis ⸱ Belleville, wo ſie gegen⸱
wärtig lebt. — Wären noch weitere Be⸱
weiſe nötig für die Tugend dieſer Frau: ſo
berufe ich mich auf den unumwundenen und
wahrheitsliebenden Rouſſeau ſelbſt. Erinnern
Sie ſich, meine Herren, des Briefs an ſei⸱
nen Freund Dubos. „Sie iſt's, welche
den Troſt meines elenden Lebens machte, die
mich in den Widerwärtigkeiten deſſelben auf⸱
richtete. Ihr Muth und ihre Treue war die
Stüze meiner gebeugten Seele. Und zum
Dank dieſer ſeltnen Tugend verlaſſe ich ſie
arm, ohne Hülfe und ohne Schuz! — in ei⸱
nem Lande, wo Beides ſo nötig iſt!! Je⸱
doch, ich getröſte mich, daß Diejenigen, de⸱
nen ich einigermaßen werth war, ihre Re⸱

gung

Zum Glük ist's die einzige Blöße, die der Neid findet. Außerdem ist die Motion des Herrn Barrere, Deputirten von Vieuzac, ganz gros, ganz anziehend, ganz im Geist und in der Würde der Zeit.

Ich weis ihr Nichts an die Seite zu sezen, als den Plan, den ein nicht minder edeldenkender und patriotisch‑begeisterter

C 4   Mann

gung für mein Andenken auf meine Wittwe fortpflanzen dörsten. — In der That, Dies ist sie werth. Der Karakter ihres Herzens ist ganz mein eigener.„ *) — Mit Einem Wort, meine Brüder: Athen erzog die Familie Aristid's auf öfentliche Kosten: sollte Frankreich für die Hinterlassene seines Erlösers weniger thun! Dies ist das Denkmal, worauf ich antrage.„ **)

*) Encor un coup à vous autres!

**) Ob ich die Rede des Herrn Barrere genau gefaßt habe, weis ich nicht.„ Ich wiederhole aus dem Gedächtnis; denn ich habe das Zeitungsblatt, wo ich sie fand, verloren. Aber der Geist ist's.

Vom Herausgeber.

Mann seiner Nation, zu gleicher Zeit,
vortrug.

Immittelst die Philosophie in Frankreich
die Stimme erhub, dem Korifeen des Menſch-
rechts ein Denkmal zu ſtiften *) : ſo trit die
Kunſt

*) Als Herr Barrere die Tribune verlaſſen hat-
te: ſo beſtieg ſie Herr Eymar, Deputirter
von Forcalquier.

„Es ſei mir erlaubt,, ſprach er „dem Vor-
trag meines Freundes, des Herrn Barrere,
das Meinige hinzuzuthun. Ich erinnere Euch
an den Denkzettel, welchen ich unlängſt in
der Verſammlung herumlaufen ließ. Dieſem
will ich nur noch eine einzige Betrachtung
beifügen. Als Rouſſeau, gebrandmarkt vom
Parlament, und ausgeſpien von ſeinem fühl-
loſen Vaterland, das die Thüren vor ihm
verſchloß, ohne Stab und ohne Heerd in der
Fremde herumirrte: ſo ſchrieb er mir einſt:
„Ja, ich ſcheue mich nicht, es zu ſagen,
wenn es in Europa auch nur Eine aufgeklär-
te Regirung gäbe; eine Regirung, deren
Abſichten eben ſo lauter als hell wären: ſo
würde ſie dem Verfaſſer des Emil Denk-
ſäulen pflanzen. Ich glaubte, die Menſchen
allzu-

Kunſt in Teutſchland, in der Perſon ihres
Lieblings Großmann, auf die Tribune und
ſchlägt eine Ehrenſäule auf den Patriarchen
der teutſchen Denkkraft vor.

Allein welche Verſchiedenheit der Wendung! Sie iſt denkwürdig. In Frankreich

C 5   iſt

allzugut zu kennen, um von ihrer Erkennt-
lichkeit Etwas zu erwarten: aber ich kannte
ſie zu wenig, um Das zu erwarten, was ſie
mir zeigen.„ — So drükt ſich ein ſchuld-
loſer Mann im gerechten Schmerz ſeines Herzens aus. Mit dieſer bittern Verachtung ver-
ſchließt er ſich in ſich ſelbſt. In dem Be-
wußtſeyn ſeiner redlichen Geſinnung fand er
Erſaz für die Undankbarkeit der Menſchen.
Mit edler Erhebung der Seele ſchwang er
ſich über das Unrecht, deſſen Opfer er war,
als ſich vor dem allmächtigen Deſpotism Niemand wagen durfte, ſeine Stimme zu erheben. — Aber gegenwärtig, wo — Dank ſei
den Göttern und Euch! — eine Regirung
hergeſtellt iſt, wie ſie ſich Rouſſeau zum Richter gewünſcht hätte — gegenwärtig darf ich
die Gerechtigkeit für ſeine Aſche dreuſt auf-
rufen. Ja, meine Herren, in dem Augenblik,

ist man nicht zufrieden, die Motion des
Herrn Barrere unter einstimmigem lauten
Beifall zu bewilligen, und für Rousseau's
Wittwe ein Jahrgehalt zu bestimmen; sondern die Nationalversammlung beschließt noch
eine öfentliche Denksäule, welche die Innschrift erhalten solle:

Die

blik, wo sich eine der größten und glüklichsten Revolutionen der Staatsmaschine, durch
die Allmacht der Vernunft und der Aufklärung ereignet, — in dem Augenblik, wo das
Reich der Wahrheit und der Menschlichkeit
beginnt, kommt es uns zu, die Verbindlich-
keit zu erkennen, die wir dem Mann schuldig sind, der uns die Fakel vortrug, der,
indem er uns begeisterte, die schnöde Fesseln
des Despotism zerbrechen half, und iene Waffen schmiedete, welche in unsern siegreichen
Händen das Ungeheur erlegten und dem Staa-
te und der Natur ihre Rechte wiedergaben. —
Im Nahmen der Nationalehre trage ich also
darauf an, durch ein großes Beispiel darzu-
legen, wie ein aufgeklärtes Volk beim An-
bruch seines Lichts der Tugend und dem Genie Gerechtigkeit zu leisten, wie es mit dem

Geiste

Die freigewordene französische Nation für Hans Jakob Rousseau!

und unten seinen Leibspruch:

Vitam impendere vero.

Herr Großmann, entflammt von Natio-
nalstolz und vom Genius der Kunst, wünscht
seinem Vaterland ein Monument, wodurch
solches seine Achtung für die Verdienste des
Geists

Geiste der Römer und der Griechen zu wett-
eifern wisse.„

* Vielleicht ist dieser Zusatz zur Vollständig-
keit unserer Parellele nicht überflüßig.
Die Verdienste Lessing's haben mehr als
Eine Aehnlichkeit mit jenen Rousseau's;
und es fehlte ihm nur der Misantropism
desselben, so wäre er ihm auch in der
Märtirschaft gleich worden.
Vom Herausgeber.

Geists darlegen möchte. Er wählt hiezu die Urne Lessing's, des unerreichten und unbetraurten Idols der teutschen Muse. Und er invitirt das Publikum zu einer Subscription — besonders aber die Nationalschaubühnen, die er von Garrik's olympischem:

fi vivo et valeo fuum eft *) —

begeistert glaubt.

Nicht genug: er theilt eine höchstgeschmakvolle Skizze von dem Monument mit, das er in Vorschlag bringt. Dieses soll auf dem Walle zu Wolfenbüttel zu stehen kommen. Mit Einem Wort, er thut Alles, was Genie und Enthusiasm vermag, um die Idee interessant zu machen — und bei weitem Mehr, als ein Barrere nicht bedurfte, um die seinige erfüllt zu sehen.

In einem Lande, wo von Nichts als Nationalglut und Vaterlandssinn gesprochen wird;

*) Die Devise, welche Garrik unter Shakespear's Buste, auf seinem Hausaltar, gesezt hatte.

wird; wo man sich über andere Nationen
erhebt; wo die Schwärmerei mit schönen
Ideen Mode ist; und jede neue Puppe Religion macht, schien ein solcher Gedanke Feur
anzulegen. Es schien, daß unsere Schaubühnen, die nur große Züge wollen, und
welche das Mittelmäßige anekelt — sie, deren Mitglieder sich mit den Helden und
Königen, die sie vorstellen, so gern vergleichen, in fanatischen Wettkampf gerathen
würden. — Wie?

— Nichtsweniger! So kalt wie der
Marmor, woraus die Urne entstehen sollte,
blieb das Publikum bei diesem Aufruf. Zur
Schande des Nationalgeists sah man den
Namen Lessing's in seiner Asche erstikt. Die
Familie Melpomene'ns — einige wenige
ausgenommen — entschuldigte sich mit aller
Eleganz gesitteter Schaubühnen. Kurz, Alles, was der Autor erhalten konnte, war,
daß man ihn mit einem mitleidigen Lächeln
verschonte.

Gesezt,

Gesezt, das Fantom Lessing's erschiene aus seiner Gruft im Walhalla: ohne Zweifel würde es so sprechen.

— Närrischer Großmann! Wohin dachtest du? Vermuthlich schwärmtest du in einer Scene von Virgin's Pantheiden; und darüber verlorst du den Fleck, worauf du stehst. Wie: in Teutschland suchst du Gemeingeist? Im Angesicht des Reichsadels wagst du, bürgerliches Verdienst zu krönen! Du willst einem Schöngeist Trophäen sezen, immittelst Domherren und Hofmarschalle traurig in ihren Nischen schmachten. Unglüflicher Schwärmer! Was habe ich für die Schaubühnen gethan. Habe ich Sturm und Drang auf ihnen erregt? Habe ich Shakespear'n bis zum Anspeyn nachgeäfet? Habe ich das Parterre mit endlosen Dramen eingeschläfert? Habe ich eiteln Schauspielern und koketten Aktrizen gehuldigt? — Trolle dich, lächerlicher Abentheurer; und bleib' mit deinen Vorschlägen hinter der Kulisse, wohin alle guten Wünsche in deinem Vaterland gehören. Wiß', daß der Dank, wel-

welcher dem Verdienſt in dem Herzen ſchöner Seelen nachfolgt, daurhafter und edler
iſt, als ein Stein, woran Stuzer und Hunde piſſen.

Zur Blumenlese
der französischen Revolutionsgeschichte
ein Nelkchen.

Bei der Revolutionsscene in Frankreich verhalte ich mich so: ich hefte mich blos an die heitern Züge: die großen und ernsthaften laße ich dahingestellt seyn. Bekenne mich weder zu Baal noch zu Israel; meine Religion ist — staunen und anbethen.

Ja, in mich gebeugt bewundere ich den Lauf der Vorsicht; und ohne seiner Wendung nachzugrübeln, folge ich ihm in stiller Ehrfurcht.

Was mir aber Heiteres und Unschuldiges auf dem Wege begegnet, das lese ich auf, und unterhalte mich damit. So trat ich denn gestern auf folgendes Blümchen.

Bei

Bei der neuen Pfarreintheilung zu Paris
erhielt der aus den Trümmern der ehemaligen Diozese von Saint Sulpiz errichtete
Sprengel die Kirche des heiligen Dominik
von Bacq zur Pastorale. Unlängst aber hielten die Einwohner der neuen Pfarre auf dem
Kirchhof Kapitul. Und, ohne mindestes Zu-
thun, selbst ohne Ruckfrage beim geistlichen
Arm, aus eigener Macht, sezten sie durch
einstimmigen Spruch, besagten Heiligen von
seinen bisherigen Patronat ab; und erwäl-
ten dafür den heiligen Thomas von Aquin.

Dem gemäß wurde das Bild des Heiligen Dominik vom Haubtaltar abgenommen,
und neben die Thüre versezt. Dagegen stell-
te man den heiligen Thomas von Aquin auf
den Thronaltar. Und von nun an verändert
die Kirche ihren Nahmen. Sie ist dem heiligen Thomas geweiht.

Was wird nun der Pabst thun: wird
er den heiligen Thomas für einen Schisma-
tiker erklären? Wie wird man diesen Vor-

gang im Paradis aufnehmen: wird er keine
Faktionen veranlassen? Wie werden die
zween Heiligen sich dabei betragen: ist nicht
ihre Ehre kompromittirt?

So sagen die Spötter. Die Pfarrbür-
ger aber des neuen Kirchspiels vertheidigen
sich, bei diesem in der Christenthumsgeschich-
te beispiellosen Zug, durch einen philosophi-
schen Grundsaz: der Apostel der Intoleranz,
sprechen sie, paßt uns nimmer: wir geben
dem Freunde der Aufklärung und der Menschheit den Vorzug.

*   *

*

Misgönnt mir nun zu lächeln, wenn
Ihr könnt.

Schwe

Schwezingen.

Vielleicht giebt es elegantere Gärten: schwehrlich aber einen reichern. Alles athmet hier Geist und Pracht. Der Zauber geht so weit, daß man, mit etwas Einbildungskraft und dem Ovid in der Hand, sich in die Feenwelt versezt glaubt. Man glaubt, in jenem goldenen Jahrhundert zu wandeln, wo die Götter unter den Menschen wohnten, sich mit ihnen unterhielten, und sie über die Mühseligkeiten des Lebens trösteten.

In diesem merkwürdigen Garten ist die ganze Natur beseelt. Der Zuschauer schwimmt in jener überirdischen Wolluft, die man im Fabelreich findet. Die Fantasie weilt vor den Bildsäulen der Alten, und jedes ihrer Ideale wird in uns lebendig. Beim Anblik der Götter und Nimfen, welche diese Gefilde bewohnen, hebt sich das Herz, und

D 2   alle

alle Gefühle des Schönen, des Großen er-
wachen.

— Reizende Religion der Griechen! Wo
bist du! Welche Welt

... blüht, izt von dir bewohnet, besser?

Ach, daß du von der Erde entwichen bist!
Mit dir flohen die Tugenden, die Grazien,
und die lachenden Götter. Keine Schöne
entzückt mehr der Gedanke, von einem lau-
schenden Gott im Lorbeerbusch überfallen zu
werden. Kein Sterblicher hat mehr Hofnung,
eine Dryade oder Nimfe zu erhaschen, und
auf ihrem Busen zu verschmachten. Selbst
die Philosophie vermißt dich, und ruft dem
Echo nach: Religion der Horaze und der
Anakreon, wo bist du! —

Die Tempel Minervens, und besonders
jener des Apoll, kan man nicht ohne heiligen Schauer betrachten. Der Geist ent-
schwindet in die Hayne und Grotten, welche
diese Oerter umgeben, er versenkt sich in
die schwärmerischen Zeiten, wo sie beseelt
waren,

waren, und weigert sich, in die wirkliche
Welt zurükzukehren.

— Welche Zeiten! In ihnen schwamm
die Fantasie des Menschen in ihrem schönsten Licht. Seine physischen Kräften hatten,
in edler Wirksamkeit, freies Spiel. Der
Sohn der Erde näherte sich den Unsterblichen. Sie zogen ihn an ihre Tafel, und
bewirtheten ihn mit Nektar und Küssen, immittelst die jungen Götter in seine Wohnung
hinabstiegen und seine Frau und seine Töchter unterhielten, ihnen Reben pflanzen, oder
Garben binden halfen. —

Unter den Bildsäulen, worinn kein mensch-
licher Garten reicher ist, erheben sich vorzüglich Cäsar und August in den Ruinen des
Cirks, der Obelisk, und dann ein ruhen-
der Herkules.

— Wenn der Sohn des Zevs und der
Alkmene nach rastlosem Leben, nachdem er
die Hölle bestürmt und die Erde von Unge-
heurn befreyt hat, im lezten Augenblik seine

volle

volle Kraft sammelnd, und einen Rukblik
auf seine Thaten werfend, izt, vom Feur
aufgelöst, seinen Plaz im Kreise der Götter
nimmt: Welches Bild! Welche Vorstellung!
Fürwahr: der Geist des Menschen hat dieses System in seiner schönsten und reinsten
Blüthe aus der Natur genommen. Ach,
wie sehr hat sich's verändert! Der freye,
lachende griechische Himmel hat sich in den
finstern Siz eines Despoten verwandelt; und
Herkulesse schleppen das Kreuz. —

Was die Vorzüge dieses Gartens vollen-
det, ist der englische Park. Die symetrische
Unordnung, das schöne Chaos desselben würde ein Meisterstük der Natur seyn, wo sie
es nicht der Kunst wäre, ihrer Nebenbuhlerin.

— Und Alles Dies ist der Vergänglich-
keit unterworfen? Wie: ein Werk, das für
die Ewigkeit angelegt zu seyn scheint, wird
einst in Ruinen zerfallen? Arme Sterbliche! Spiegelt euch. Klaget nimmer über
die Kürze eures Daseyns. Was seid ihr
gegen

gegen die Palläste Tyr's und Palmyren's,
gegen die Denkmäler der Römer und der
Griechen, und gegen den Garten zu Schwezingen? Sie waren, wie ihr, aus Staub
zusammgesezt, welchen das ewige Gesez
der Natur aufgelöst, und verweht hat. —
Nicht doch! Er ist noch da. Nichts ver-
liert sich aus der Natur. Ein anderes Gesez wird ihn wieder sammlen; und vielleicht
leben wir einst in einer Grotte, in einem
Baume, als Vogel oder als Gott in diesem
reizenden Garten. —

Unweit einem Hayn, welcher ein äusserst
wollustathmendes Bad vom feinsten griechi-
schen Geschmak in seinem Schatten verbirgt,
erblikt man in der Ferne einen türkischen
Leichenaker. Jedermann weis, was die
Türken auf den Pracht ihrer Leichenäker ver-
wenden. Hier ist der Mahometism selbst
noch übertroffen.

— O, meine Freunde! O, meine Trau-
ten! Giebt es unter euch Einen, der mir
nachschauen wird, wenn ich erstarrt bin,

D 4 und

und man meine kalte Leiche wegtragen wird:
so leidet, ich beschwöre euch, leidet es nicht,
daß ich Jemand Plaz entziehe auf dem Kirchhof. Die lezte Gunst, die ich von euch erwarte, ist, daß ihr den Wunsch, mit dem
ich sterbe, erfüllet, daß mein Tod so nüzzlich sei als mein Leben. Machet mir also
meine Grube unter irgend einen einsamen
Baum. Das Salz, welches aus meiner
Auflösung entsteht, wird ihn düngen, be-
fruchten. Und so können denn vielleicht meine Reste noch einst einen müden Wanderer
erquiken. —

Man tadelt am Garten zu Schwezingen,
was man an dem zu Versailles, an dem zu
Hohenheim, an dem zu Kassel, an den meisten englischen Parks — und vielleicht mit
Recht — tadelt, die Größe ihres Umfangs,
welche, für Lustpläzze, dem Akerbau zu viel
Land entzöge.

— Aber müssen wir denn Alles für den
Fleis thun, gar Nichts fürs Vergnügen?
Soll der Mensch nur furchen, nie ernden?
Sind

Sind wir geschaffen, um zu arbeiten, oder, um zu genießen? Auch Umfang gehört zur Schönheit, weil er die Gegenstände vervielfältigt, und durch die gehörige Entfernung von einander, das richtige Verhältnis herfürbringt. Dies ist die Haltung im Gemählde. —

Mit Einem Wort, der Garten zu Schwetzingen ist eines der erhabensten, der prächtigsten Gemählde, welches die Natur durch die Kunst ausführen lies. Ihn mus man sehen, um sich in elyseische Gefühle zu versezen, um sich einen Begrif von den Hesperiden zu machen.

D 5

Der

Der Sturm.

Eine Punschscene.

Personen.

Kapitán Schmeggs,   Domine Sela.
  ein Hamburger Schiffer.

Herr van der Kay,   Herr Kauz,
  Schnallenfabrikant zu   Schauspieler.
  Delft.

Theater:
die Saardamer Treckschuyt.
Dritter Hornung 1791.

V. d. Kay. Das war doch ein unsinni-
ger Sturm in voriger Nacht!

Dom. Unsinnig — aber wohlthätig — wie
alle Stürme.

V. d. K. Um Verzeihung! Myn Herr mag
wol von der ehrsamen Glasergilde seyn.

Da

'Da hätt' man nun freilich Recht, mit dem Sturm besser zufrieden zu seyn, als wir übrigen, die wir neue Scheiben einsezen, und unsere Schornsteine ausbessern müssen.

Dom. Bin Theolog, wenn Sie nicht übelnehmen.

Kap. Respekt! Das hätte man nun nicht vermuthen sollen, nach Ihrem Air zu urtheilen. Es lebe die Theologie! (Er schenkt ein.)

Kauz. Wie Sie doch auch am Altfränkischen hangen! Die Theologie richtet sich nach der Welt und den Menschen: sie hat ihre Frisur verändert. Sie trägt sich izt à l'avanture.

Dom. Das Aeusserliche gehört so wenig zur Religion als — — — —

Kap. — — — — der Sturm zur besten Welt — — — — wollen Sie sagen.

V. d. K.

v. d. B. Bei Gott — ein Stich!

Dom. Nicht doch. Selbst Orkane sind Zeugen der Güte Gottes. Er zeigt sich — um zu bessern. Jeder Sturm führt sein Gutes mit sich. Betrachten Sie, zum Beispiel, die Franzosen — — —

Kauz. Meynen Sie die im Marsfelde, oder die in der Scharitee?

Dom. Je nun: Wie's beliebt. Die Seuche, die den Quell des Vergnügens, die Keime der Zeugung vergiftet, so wie jene, welche den Geist der Empörung über Völker verbreitet, liegt im Plan der besten Welt. Beide zielen darauf, uns von Thorheiten zu heilen.

Kauz. Trinken Sie Domine: er ist gut wider den Spleen. (*Er giest auf.*)

Dom. Welches eben nicht meine Krankheit wäre, daß ich's wüßte. Allein, wie ich sehe, so ennuyre ich Sie. Erlauben Sie,
daß

daß wir abbrechen. — — — — Wenn
es nur nicht so stürmte!

V. d. K. Wir sizen im Troknen.

Kap. Oder hätten Sie etwan Blumenstöke
stehen, für die Ihnen bange ist?

Dom. Was wäre der Topf dem Töpfer gegenüber! Verunglükte Menschen — zer-
trümmerte Flotten — verwüstete Inseln!!
— Ach! — Oh!

V. d. K. Was wäre es Mehr! Inseln und
Flotten sind für die Natur weder Mehr
noch Weniger als Ihre Blumenstöke, von
Wedgwood.

Dom. Gott stehe uns bei! Ich vermuthe
Sie sind Atheist. Verzeihen Sie, wenn
ich mir den Diskurs verbitte. Nach Ihrer Philosophie wäre also der Mensch oder
der Fisch Einerlei. . . . .

Kanz. Sie irren sich doch immer, meine
Herren! Der Mensch ist das Ebenbild der
Gott-

Gottheit, ihr Liebling. Für Blumentöpfe
sendet sie den Sturm, und für den Menschen die Kühlung, so er mit sich führt.
Nicht so Domine?

Kap. (Herrn Kauz'n ins Ohr.) Courage Brü-
derchen!

Dom. In der That, die Vorsicht scheint nur
zu zürnen, wenn sie's im Grunde gut
meynt. Zum Beispiel: vielleicht zerschmet-
tert der gegenwärtige Sturm zu Amster-
dam eine von den Vasen, womit der Lux
des Jahrhunderts prangt: aber er reinigt
die Luft, und stärkt die Gesundheit.

V. d. K. Und doch dächte ich wären wir gerade heur am ungesündesten. Kein Mann
in Holland denkt sich so viel Stürme bei-
sammt; Unterdeß wüten die Seuchen, wie
man's niemals weis.

Kap. Was sagen Sie dazu, Herr Kauz?
(Er tritt ihm auf die Zehe.)

Kauz.

Kauz. Vermuthlich sind die Aerzte von den Todtengräbern bestochen.

Dom. Erlauben Sie, daß wir den Scherz beiseitsezen. Gott läßt Vieles zu. Kömmt' er doch seinen Würgengel wieder senden, wenn er's nöthig fände.

Kauz. O Nein! Dies dürft' er nur den Russen überlassen. Sie und die Pest würden schon dafür sorgen, daß Unserer nicht zu Viel würden.

Kap. Gott verdamme mich: er hat recht! Erklären Sie uns Domine, Sturm für Sturm genommen, war's Gott oder der Teufel, der jenen zu Ismail regirte?

Dom. Verwegener Sterblicher! Sehen Sie Ihren Richter über sich: er winkt. Wie leicht könnte er Ihren Spott strafen.

V. d. K. Strafen? Der Kapitän räsonirt wie ein Mann. Wenn man Menschen macht, so sollte man auch für sie sorgen,

und

und sie nicht den Kalmukken und den Han-
fischen überlassen.

Kauz. Basta meine Herren! Sirach spricht:
der Mensch lebt nicht allein vom Wiz,
sondern auch — vom Punsch. Lassen wir
Eins herumgehen.

Kap. Ihnen, Domine! (Indem er die Tasse
niedersezt.) Im Ernst, was halten Sie
von der Welt, meine Herren?

V. d. K. Ich denke, sie ist ein großes
Narrenhaus.

Dom. ... Siechenhaus, wollten Sie sagen. Leider! Eine gebrechliche, verderb-
te Welt — und doch das Werk Gottes!

Kauz. Was Mich betrift, der ich keine
andere Philosophie, als die Philosophie
des Theaters kenne, ich halte sie für ein
ächtes Shakspearsches Stük, wo viel
Genie und viel Fehler sind.

Kap.

Kap. (Klopft ihn auf die Schultern.) Getrof=
fen Herr Kompagnon! Eine wahre Ko=
moedie — die Natur im Kontrast mit
Kunst — Menschen und Russen — Helden
und Teufel — und Schnikschnak!

Dom. Pfui, meine Herren, Sie werden wild.
Auch dieses Henkerknecht=Meisterstük müs=
sen wir stillschweigend betrachten. Es ge=
hörte zur Ordnung der Vorsicht.

Kap. Hat sich wohl stillschweigen! Hören
Sie eine Anecdote, Domine. Einer mei=
ner Landsleute, Herr Bartel, begegnete
auf seiner Reise durch Kalabrien einem
Landmann, der mit gepreßter Brust vor
einem verschütteten Haus stund, unter des=
sen Ruinen seine Familie lag. Schwei=
gend sah er den Mann an — — — —
Ecco la mia casa Signor! So ruft die=
ser aus; und wischte sich eine Thräne vom
Aug. Was meynen Sie nun, Domine,
mag der Kalabrese wol dabei gedacht ha=
ben?

V. d. K. Wenn Der an die Ordnung der
Vorsicht dachte: so soll mir meine Pfeiffe
hier niemals mehr brennen.

Kap. Und Ich will zum Seekalb werden.

Kaunz. Und ich in Punsch erstiken.   (Er
säuft die Schaale aus.)

Ueber das Zeitungsgespenst.

Propaganda! — Wo bist du? — Existirst
du — oder bist ein Fantom! Wo findet
man dich? In irgend einer menschlichen
Gesellschaft — oder im Hohlschedel der Kan-
nengießer und der Waschweiber?

Wahrhaftig, ich zweifle am Daseyn dieses politischen Gespensts. Alle bürgerlichen
Kriege führten, wie man weis, ihre Dra-
chen und ihre Popanzen mit sich. Sie gehören zur Bagage der Volkshelden.

Allein man mus diese Maschinen nicht
überspannen. Man mus sie nicht historisch
machen. Wie kömmts, daß kein rechtlicher
Mann diese Propaganda, die doch so aus-
gebreitet seyn soll, kennt? Wie kömmts,
daß sie dem argwöhnischen und subtilen Aug
der Polizeien zu entschlüpfen weis? Wie:

E 2   weit

weit tiefer gelegene, aber unschuldigere Spie-
le hat die Polizei ausgespäht, und mit Wuth
verfolgt: Dies aber sollte ihr gleichgültig
seyn! Sind all' ihre Mouschen blind worden? Oder hat die Propaganda die Gabe,
sich unsichtbar zu machen?

Gewiß, sie muß aus dürftigen Geistern
bestehen, weil sie troz ihrer Fantosität Nichts
ausrichten kan. Denn wo sind immer die
Spuhren dieser furchtbaren Brüderschaft?
An welchen Wirkungen erkennt man ihr Daseyn und ihren Karakter?

Ewig genarrtes Publikum: stehe da eine
neue Schelle! So gängelte man dich immer. Wie lang wirst du nicht der uner-
schöpfliche Spott der Tintenkleker seyn.

Umsonst würde man diese berufene Kette,
welche sich durch ganz Europa ziehen soll,
aufsuchen; umsonst fragt ihr bei Allen, die
euch als Korifeen der Freiheit und der Aufklärung bekannt sind, nach ihren Fugen und
ihren Haften. Uberall antwortet man euch:
Such' weiter!

Ihr,

Ihr, die ihr uns diese Brille so gern
auffezen möchtet, geht heim und laßt euch
Thee machen. Eure Finten verblenden uns
nicht. Je mehr man dem Strohm entgegen
arbeiten will, desto lebhafter dringt er fort.
Der Geist des Menschen hat seine Feßeln
zersprengt, und er wird sich nicht mehr hem=
men laßen, so lang ihm Gott das lezte
Fünkchen Vernunft gönnt.

Dies ist die Propaganda, an die ich
glaube. Nicht in Logen, nicht in unterirrdi=
schen Gewölbern lebt sie, sondern im Busen
aller aufgeklärten und denkenden Köpfe.

Die

Die Blaufüchse.

Eine schinesische Anecdote.

(Zweiter Theil.)

Es war einer von den Karakterzügen der
lezten Epoche der Regirung Xün = Hi's, daß
sich alle Projektenmacher zu Pecking versam=
melten. Dies war damals der große Jahr=
markt der Glüksritter, der Ebentheurer und
der Adepten. Die einen schlugen neue Steu=
ren, die andern neue Werkzeuge zur Tortur
vor. Jene trugen sich an aus Mist Gold zu
machen, diese erfanden Pulver für Wanzen.
Es war gänzlich aus der Mode gekommen,
sein Glük durch Tugend und Verdienste zu
machen. Jeder suchte einen Krummweg, ein
Amt, wozu ihm weder sein Talent noch sein
Herz ein Recht gaben, zu erschleichen.

Wir hätten, spricht der Weltweise Tien =
Se, indem er bei dieser traurigen Stelle in

der

der Geschichte seines Vaterlands vorübergeht,
zu einem höhern Glük bestimmt seyn müssen,
als Erdbürgern vergönnt ist, wenn wir von
den allgemeinen Seuchen der Staaten hätten
verschont bleiben sollen. Tien-Se war noch
aus der Schule des Philosophen San-Fu-
ang, welcher den Spruch erfand: Vervielfältigt die Wesen nicht ohne Noth.

So war der Mann nicht beschaffen, den
Mem-Cu aufsuchte. Dieser Mandarin sah
die Nothwendigkeit ein, sich durch einen
Glüksstreich zu heben. Er fand die Bahn
offen, und breit. Aber so oft er seine
Schwungfedern versuchte: so fühlte er sich
durch das Gewicht seiner eigenen Unfähig-
keit niedergedrukt. Er seufzte also nach einem Künstler, der Ministerkrüken machen
könnte; und er fand ihn.

Heu nennte er sich. Er war ein Cochin-
Chineser, und handelte anfänglich mit Mäu-
sefallen. Aber gleichwie die Cochin-Chine-
sen pfiffige Kerle sind: so legte er sich auf
mehrere Gewerbe. Und es gelang ihm un-

ter

ter andern im Glasschleifen. Er arbeitete
seit einiger Zeit an einer Art von Brillen,
welcher er den Rahmen Vorträge zu geben
gedachte. Sie waren eigentlich auf die Nase des Kaisers Xun-Hi gerichtet. Mit der
Zeit aber gedachte sie der Künstler populär
zu schleifen. Die Mandarine von der Schaz-
kammer, von der Hofkanzlei, von der Ju-
stizstelle, die Statthalter in den Provinzen,
und eine Menge Beamten hatten schon darauf subscribirt. Weil aber der Kronprinz
einen Arzt verschrieben hatte, seinem Vater
den Staar zu stechen: so gerieth die Erfindung in's Stecken. Heu war im Begrif,
den Mäusefallenhandel wieder zu ergreifen,
als ihn sein Glük mit dem Vicestatthalter
bekannt machte.

— — „Geruhen Sie nur mich machen zu
lassen." Dies ist Alles, was man von der
Audienz weis, die ihm Mem-Ca gab. Er
sagte es unter der Thüre des Kabinets,
worein sich der Mandarin anderthalb Stunden lang mit ihm verschlossen hatte, Seiner
Exzellenz ins Ohr. — Wann sehe ich Sie
wieder?

wieder? rief ihm der Mandarin nach. —
„Innerhalb drei Tagen" erwiderte Heu.

Von nun an bemerkte man eine unendliche Regsamkeit am Vicestatthalter. Er ver-
vielfältigte seine Aufwartungen bei der Dame
Pipa mehr als jemals. Er besuchte ordent-
licherweis die Spieltische der beiden Colao's,
welches die ersten Minister am kaiserlichen
Hofe sind. Diese Spieltische waren der
Sammelplatz der Hofschranzen. Wer sich zu
empfehlen suchte, oder immer in Angelegenheiten verwikelt war, der bewarb sich um
einen Platz im Vorzimmer, in der Kuchel,
oder auch in der Garderobbe des erlauchten
Xam-Xu, welches der oberste Reichsmini-
ster ist, oder des hohen Kaun-Zin, des
Staatskanzlers von Schina. Die Ehre, in
diesen Häusern zugelassen zu werden war
schon die Helfte des Goldblechs werth.

Man wird sich über die Freimüthigkeit
wundern, womit das Journal von Peking
diese Anecdote erzält. Aber man mus sich
erinnern, daß in Schina gänzliche Preßfrei-

E 5   heit

heit herrscht. Die Publizität ist ein Staats-
gesez dieses aufgeklärten Volks.   Und es
giebt, wie man weis, unter dem kaiserlichen Stampf, eine Zeitung, die sich Kaiser-
liche privilegirte Staatszeitung nennt, worinn alle Tugenden und alle Mängel der Regirung öfentlich beurtheilt, Beamtenstreiche
und Ministerkniffe nahmentlich angezeigt,
Lob und Tadel nach Verdienst ausgetheilt,
und sogar der Kaiser selbst nicht verschont
wird. Ja, was das Außerordentlichste ist:
so ist gerade diese Zeitung die tägliche und
die liebste Lectur des Kaisers, sein Studi-
um. Alle Morgen mus sie, bei Strafe fünf-
hundert Hiebe auf die Fußsohlen für den
Kammerlakay, der es vergäße, neben der
Schokolade des Kaisers liegen.

Hierdurch, meynen die schinesischen Monarchen, erführen sie den täglichen Gang der
Regirung. Sie würden von den Bedürf-
nissen und Klagen der Nation unterrichtet.
Der Tiranism der Minister und Beamten
würde in Furcht erhalten. Das Publikum hätte einen leichten, kurzen und wohl-
                                    feilen

feilen Weg, seine Wünsche vor den Thron zu bringen. Mit Einem Wort, diese Zeitung wäre gleichsam eine ordentliche und öfentliche Korrespondenz zwischen den Unterthanen und dem Landsvater.

Scharlatanerein.

Manche Marktschreyer lernte ich in meinem Leben kennen. Ich sah Saint Germain, Callioftro, Gaßner, Meßmer und frère Elie — oder Einen der sich dafür ausgab.

Saint Germain war nicht leer. Er hatte gelesen und gesehen. Aber er war der kühnste Windsak seines Jahrhunderts.

Callioftro war eine wahre bête. Nur der Vortheil, noch größere bêtes zu finden als Er war, machte sein Glük. Die Welt verlor lediglich Nichts an ihm, als einen glüklichen Betrüger.

Gaßner betrog nur sich selbst. Er ist der einzige unter den Brüdern der in Einfalt des Glaubens quaksalbte. Dieser Mann war

war flacher Fanatiker. Er selbst glaubte zu=
erst und am eifrigsten an seinen Theriak.

Aber mit Mesmern ists anderst. Er ist
unstreitig der gewandteste von ihnen. Es
ist ganz gewis, daß er von der Falschheit
seines Spiels bei sich überzeugt ist. Aber
ich glaube, es hängt mit seinem Beruf zu=
samm. — Mesmer ist von Geburt ein
Arzt. — Die Gaukelei ist also bei ihm
Religion.

Keiner unter all diesen Wundermännern
zog meine Achtung an sich. Aber ich war
zu honett, um sie zu tadlen. Ich dachte zu
billig, mich an den Haufen zu schließen,
der so sehr über die Schwärmerei unserer
Zeit schreyt.

Wie: so sprach ich zu mir selbst: diese
Herren glauben an metaphysische Wunder;
an chymische zu glauben ist ihnen lächerlich?
Die Menschheit erkennt einen Adeptism in
der Moral, in der Politik, und in der Re=
ligion selbst; aber der Adeptism der Physik
                                           wäre

wäre ungeheur? Mit Einem Wort: Leute die mehr glauben, als Hottentoten glauben würden, darfen über die Meßmer und
Gaßner spotten? So dachte ich — und
blieb bescheiden.

Die Geschichte der Menschheit enthält
unendlich mehr, und unendlich gröbere Marktschreyer als Jene sind. — Ich nenne Niemand. Wir hangen an Säzen, worüber
die Saint Germain und die Cagliostro erröthen würden. — Ich deute auf Nichts.
Aber wann werden wir einst gerecht seyn!
Alles ist Illusion. Und das ganze Welt-
system selbst ist vielleicht Nichts als eine
große Illusion. Wir aber spotten über Diejenigen, so uns damit bedienen?

Blos das Recht des Stärkern verdammte Cagliostro zur Festung: das Recht der
Vernunft würde ihn zum Lazareth verdammt
haben. Der Handwerksneid war immer
unversöhnlich. Er verläumdete seine Opfer
von den Propheten an bis auf die Illumi-
naten.

Die

Die römische Kurie ist uns den Prozeß des Cagliostro schuldig. War er der Scelerat, wofür sie ihn ausgiebt, der Staats- und Menschheitsverräther: so intereßirt er uns Alle. Sein Prozeß ist Sache der Publizität, weil er die Sitten, die Gesellschaft und die öfentliche Sicherheit angeht. Das Spiel mit der Freimäurergarderobbe und mit dem Feur ist Kinderei. So amüsirt man Knaben. Akten und Protokolle gebe man uns — wenn wir wissen sollen, wie die Gefahr, in der wir schweben sollen, beschaffen ist.

Cagliostro war ein dürftiger Wicht. Er konnte kaum schreiben und lesen. — Wenigstens sah ich noch keinen korrekten Brief von ihm. — Dem ungeachtet beschwor er mich einmal, ihm die famose Weimarsche Bibel (den Dreifuß der Schamane) aufzutreiben. Ich lächelte. Aber der Graf P.....g, einer seiner heftigsten Schüler, schwohr mir hoch und theur, daß er die Geister gesprochen hätte, mit denen Cagliostro umgieng, und daß er sogar bei einer

Persi-

Perſianerin, die ihm ein Geiſt auf Callio-
ſtro's Befehl holen muſte, geſchlafen hätte.
Ich lächelte nochmal. — Comment Mon-
ſieur: oſériez vous prendre mon ami pour
fourbe? — Nein, Graf: ſondern wir
ſind's, die betrogen ſeyn wollen; und Ihr
illuſtrer Freund läßt uns nur Recht wi-
derfahren.

Wie

Wie man's nehmen will.

Oder

Die Philosophie

des Eremiten im Sankt Immersthal.

Die Welt ist körperlich: die Eigenschaf-
ten der Länge, der Breite, der Tiefe und
der Höhe, welche sie an sich hat, beweisen
es. Ohne diese läßt sie sich nicht begreifen.

Sie ist kein geometrischer Punkt; denn
sie fällt in die Sinne. Sie ist kein Phoe-
nomen, denn sie hat Dauer. Sie ist also
wirklich; und was wirklich ist, ist Körper.

Die Theile verhalten sich zum Ganzen gerade so wie das Ganze zu den Theilen: jeder Theil der Welt ist folglich körperlich.

Nun

Nun ist aber die Welt das All. Oder
gäbe es außer derselben noch Etwas? Der
Innbegrif aller existirenden, koexistirenden
und successiven Wesen — Dies ist Welt.

Was folgt hieraus? Was nicht in der
Welt ist, das ist — nirgendswo. — Wie?
Ja, das Unkörperliche nimmt keinen Raum
ein; denn es hat keine Ausdehnung. Was
keinen Raum einnimmt, das steht in keiner
Beziehung auf die Existenz der Dinge. Was
nicht existirt, das kan nicht gedacht werden.
Was nicht denkbar ist, das ist Nichts. Alles ist Raum, und außerhalb ihm ist Nichts.
Wäre nun das Unkörperliche innerhalb dem
Raum: so müste es mit ihm in Verbindung
stehen; folglich wäre es körperlich. Wäre
es außerhalb dem Raum: so könnt' es nicht
existiren. Unverkennbarer Ring von Wahrheiten!

Ich bin — folglich bin ich Körper; folglich bin ich ein Theil der Welt. Allein woraus bin ich gemacht? Dies ist die große
Frage. Es giebt unzerstörbare Elemente.
Philo-

Philoſophie *) und Natur beweiſen's. Aus
ſolchen bin ich ohne Zweifel zuſammgeſezt.

Von dieſen Elementen aber iſt nur Eines
mein Ich, oder der Siz der denkenden Kraft,
welcher ich mir, als meiner eigenen, bewußt
bin, denn ich bin nur Ein Ich, nur Ein
denkendes Weſen. Dieſes iſt kein Aggregat
von Elementen, obgleich die Verhältniße der
übrigen, mit ihm vereinigten (ihm gleichar-
tigen) Grundſtofe zu dem Element, welches
mein Ich konſtituirt, das Objekt meiner Gedanken und Wahrnehmungen, die Art und
den Grad meiner jedesmaligen Empfindungen, beſtimmen.

Jedes Element wäre unzerſtörbar — und
ich ſelbſt ſollt' es nicht ſeyn? Dieſes mein
Ich ſei — laßt uns auf einen Augenblik annehmen — aus zwei Elementen (realen phyſiſchen Einheiten) zuſammgeſezt.

F 2

—Ich

*) S. Werner's Analyſe der Natur. Paragr.
1ſtes Bändch. Seite 231. ꝛc. ꝛc.

— Ich seze hier nur zwei. Wenn die Annahme eines aus zwei Elementen zusamm-gesezten Denkungswesens schon Widerspruch enthält, wie weit weniger läßt sich ein Zu-sammsaz aus tausenden begreifen. —

Von diesen zwei Elementen ist entweder Jedes sich seines Selbsts bewust, oder nur Eines — oder gar keines. Erster Fall: je-des der zwei Elemente, woraus mein Ich besteht, denkt; also besäße ich zwo Seelen? — Zwo Seelen! Aber nur Eine kan mein Ich, das heist, ich Selbst seyn. Ich kan nicht doppelt existiren. Es läßt sich an der numerischen Einheit meines Ich durchaus nicht zweiflen.

Zweiter Fall. Nur Eines der beiden Elemente ist sich Seiner bewust. So ist auch nur dieses, und dieses allein, meine Seele, mein Ich. Das andere ist außer mir vorhanden; und was außer mir ist, das ist kein wesentlicher Theil von mir.

Dritter Fall. Keines der beiden Urwe-sen, aus welchen ich zusammgesezt bin, ist

sich

sich Seiner bewust. Folglich weis keines
Etwas vom andern. Woher soll nun das
Bewustseyn des Ganzen kommen? Da das
Ganze nicht außer seinen Theilen vorhanden
ist: so müste die Denkkraft in solchen zuvor
liegen, bevor sie sich vereinfachen könnte.

Ob alle Elemente sich Ihrer bewust seyn
können, das untersuche ich nicht. Genug,
daß es unter ihnen welche giebt, denen die=
se Kraft zukommt. Kan die einem Urstof
wesentliche einfache Bewegungskraft durch
die ganze Natur nicht aufgehoben, oder un=
terdrükt werden, wie sollte derselbe durch
irgend Etwas seiner Vorstellungskraft, die
eben so wenig das Resultat zufälliger Zusam=
mensezung ist, beraubt werden können.

Kurz, zwei undenkende Elemente können
nie Ein denkendes Wesen ausmachen. Denkt
aber von mehrern Elementen ein Jedes, so
giebts zwar mehrere denkende Einheiten.
Hierunter aber kan nur Eine diejenigen Be=
griffe aushalten, derer ich mir bewust bin.

Unb

Und Dies nenne ich Seele.

Der Ursprung der Wesen aber ist ein unauflösbares Problem für unsere Physik. Die Metaphysik kan uns über diesen Punkt nicht auf eine befriedigende Art belehren. Wenn sie vernünftig seyn will, so schränkt sie sich auf die Theorie von der Erzeugung unserer allgemeinen Begrife ein.

Es ist etwas. Diesen Kanon scheint Jedermann einräumen zu müssen. Also muts Etwas von Ewigkeit her gewesen seyn. Was aber von Ewigkeit her gewesen ist, das ist absolut nothwendig, oder es müste seyn und nichtseyn können: d. h. der Saz des Widerspruchs müste falsch seyn.

Aber ist das Ewige — dessen nothwendiges unvertilgbares Daseyn wir erkennen — nur Ein Wesen, oder sinds mehrere? Spinoz entschied für die Einheit: Epikur und die Atomisten nach ihm für eine unzälbare Menge. Ihnen sind alle Atomen, das heist alle Punkte der Schöpfung, unzerstöhrbar.

Und

Und da sie nicht vergehen, oder in Nichts verwandelt werden können, so mus ihr Daseyn eben so wenig einen Anfang haben, als es ein natürliches Ende hat.

Die Elementen der neuern Philosophen hingegen sind unausgedehnt und undurchdringlich. Sie sind nicht die des Demokrit und des Epikur; aber sie haben mehr Beweis vor sich als jene, welche Lukrez besungen hat. Ihre Kräfte sind ihr Wesen. Sollte also zu solchem nicht auch Daseyn gehören? Kräfte, was sind sie anders, als Wahrzeichen, Erklärungen des Seyn.

Möchten diese Elemente immerhin aus einer uns noch unbekannten Urquelle — weis nicht wie? — entsprungen seyn. War dieses Grundwesen selbst nicht entstanden, hat es also nur erst irgend einmal angefangen zu wirken: so ist auch seine Wirkung ewig, so haben auch die Elemente der Materie immer existirt.

Und glüklich, daß sich mitten unter ihnen auch mein Ich findet! Dieses Element kan

F 4

sich

sich nach der Auflösung unserer Maschine in
tausend neuen Zusammsezungen, Verbindun-
gen und Lagen finden. Es kan aufhören,
sich seines vergangenen Zustands bewußt zu
seyn. Es kan vergessen, was zu den beson-
dern Bestimmungen und Auftritten des vorigen Lebens gehörte. Aber — sterben kan
es nicht.

Kan es sich izt des Zustands noch erinnern, wo es sich vor seinem Eintritt in dieses Ephemerenleben, Jahrtausende hindurch,
befunden hat? Mit nichten: es hat nicht
die mindeste Vorstellung davon. Es erkennt
sein voriges Daseyn durch Schlüsse, nicht
durch Rückerinnerung, oder Reminiszenz.

Und doch, sollte es so ausgemacht seyn,
daß der Schluß vom Vergangenen aufs Zu-
künftige, über die Gränzen dieses Lebens hin-
aus, und bis auf einen gewissen Zustand,
erstrekt werden kan, von dem kein Mensch
dießseits dem Grabe je Erfahrung gehabt hat?
Es könnte seyn, daß wir uns irgendmal des
Vergangenen wiedererinnerten, daß es in
der

der Natur — worinn Nichts zernichtet wird —
eine uns itf noch verborgene Einrichtung gäbe, welcher zufolge die Bilder oder Vorstellungen des vorigen Zustands in unserm
Ich reprodużirt würden.

In der Natur giebt's keinen Uebergang
vom Nichts zu Etwas, oder vom Etwas zu
Nichts. So wie unsere Grundbegrife, z. E.
die nothwendigen Wahrheiten der Mathema-
tik, ewig und unveränderlich sind; so wie
diese nie falsch seyn, und nie falsch werden
können: so können auch die Gegenstände jener Grundbegrife, welche von der Natur
denkender Wesen unzertrennlich sind, nie zu
Nichts werden.

Brief

Brief eines Kalmüken.

Troz seiner geweihten Krone mag mir wol
der Lama zu Jakuz ein alter Schurk seyn.
Er regirt von Gottes und unserer Dummheit Gnade ein artiges Ländchen. Die Mon-
goln am Altai sind ein biederes und aufgeklärtes Volk. Billige Verträge versichern ihm
ein honnetes Einkommen, und der Nation
eine ruhige Verfassung. Allein Dies ist ihm
nicht genug. Er machte den Wucherer, den
Spieler, den Juden: nun wollte er auch
die Rolle des Tirannen versuchen. Er grief
die Freiheit der Kalmüken an, und brach
die Landsverträge. Darüber kam es zum
Streit. Nun läst der Lama das Rauchfaß
stehen, und entläuft.

Einen trozigern Pfaffen mus es nicht geben. Umsonst ladet ihn das Land ein: umsonst beut man ihm einen edlen Vergleich
an.

an. Nein: nach seinem Kopf sollte es geben. Alles oder Nichts! Er will Tirann seyn, nicht Regent.

Unterstüzt von den Lamas, seinen Nachbarn — denen daran gelegen ist, die Pfaffenhoheit zu erhalten — und von einigen andächtigen Chans warf er der Nation einen Prozeß an Hals. Darüber kam das gute Ländchen in unermeßliches Elend. Der Anhang, den er zu Jakuz hatte, erregte einen bürgerlichen Krieg. Dazu lachte der boshafte Pfaf wie ein Satan.

Vergebens legt sich der Chan der Torgot, ein edler und gerechter Fürst, ins Mittel. „Gieb nach" schreibt er ihm: „was nüzt dich ein verderbtes Land! Was hilft dir eine ertrozte Hoheit für die wenigen Tage, die dir der große Schakschamunih übrig gelassen hat. Weit rühmlicher endest du deine Laufbahn durch ein Denkmal der Großmut und der Tugend."

Nein,

Nein, erwiderte der Pfaffe: ein Land, worüber Heuschrekken zogen, ist auch ein Land.

Wie geht's nun. Die Lamen Armee richtete Nichts aus: sie erregte nur Gelächter. Izt trat der große Chan-Thaidshi hinzu. Eine gewiße Staatspolitik nötigte ihn, sich des Lama anzunehmen, und Friede zu stiften; Jakuz gränzt an sein Reich; seine eigene Sicherheit erfoderte, die Flamme des Aufruhrs zu vertilgen. Dieses änderte die Wagschaale. Die Parthei war nimmer gleich.

So langte nun der Lama, gepanzert und gespornt wieder auf seinem Posten an. Diesmal hatte der Starrsinn auf einen Augenblik gesiegt. Auch war der Triumpf sein würdig: das Land verheert, unter Feuer und Flamme gesezt, so arm gemacht, daß selbst die Soldaten des Großchan dem Publikum Almosen reichen. Welch entzükkender Anblik für die Seele eines Lama!

Aber

Aber Geduld. Man sagt, so werde es sich nicht enden. Die Kalmüken zu Jakuz erwarten — und mit sehr viel Recht — eine billige Aenderung in ihrer Landsverfassung durch den Einfluß des erlauchten Chan-Thaidsbi, welcher einer der edelmütigsten und weisesten Regenten, die auf dem Thron der Moguln saßen, und der Lamenherrschaft nicht geneigt ist.

Medi

Meditation.

Heute war ich in der Kirche.

Ein Fall, der sich nicht immer ereignet. — Nicht, als ob ich den Gottesdienst
flöhe: ich weis vollkommen, daß es ehrbar
ist, wenn man sich in der Kirche sehen läßt;
ich kenne die Salbung, die im Wort Gottes
liegt, wenn es einer seiner Diener von der
Kanzel herab mit Eleganz ausbreitet; ich
habe unendliche Hochachtung für den Pre-
digerorden. Aber es ist so kalt in unsern
Kirchen! — Wenn werden wir so klug werden, unsern Wintergottesdienst in geheizte
Säle zu verlegen. Hernach zerstreut mich
die Dekoration der Scene. — Warum schaf-
fen wir die Mode nicht ab, Galla vor Gott
zu machen. Und dann kan ich den Kerl nicht
leiden, der mit seiner Bettelglocke herum-
läuft, und mir die Lanze unter die Nase
stößt,

ſtöſt, wenn ich geradezu in der ſublimſten
Begeiſterung über die Phraſen des Magiſters
bin. Ihr ſehet, daß ich Grundſäze liebe.

Ich merkte mir folgenden Zug. — Es
war eine Leichpredigt.

„Was ich euch, meine Freunde, von der
göttlichen Haushaltung entdeken darf, das
iſt, daß er nicht gern auf Morgen ver-
ſchiebt, was er heute thun kan.“

Frappanter Gedanke! Die Götter wären alſo noch vorſichtiger als unſere Schul-
zen. Wahr iſts, es ſchien ein Bißgen ſtolz,
daß ſich der Magiſter für den Hausmarſchall
Gottes aufwarf. Es war nur ein altes
Weib; ſo viel Verſchwendung von Wiz ſchien
ſie nicht werth zu ſeyn. Indeß muſte man
erſtaunen, mit welcher Fertigkeit der Red-
ner von dieſem Saz auf das Lob der guten
Haushälterinin, und dann der ſeligen Ma-
ren, hinüberſprang. Dieſer Sprung machte uns ſchwindlich.

Ben-

Benjamin Schmolke: mein Held, mein
Freund, mein Muster! — Heil dir! Du
erschütterst den Geist nicht durch Seiltänzer-
sprünge: bei dir trift man weder Wiz noch
Geschmak an. Ruhig segelst du an der Küste des Evangeliums Matthäi hin, dem
Spruch treu: Selig die Einfältigen. Sei
mir fortan, was du mir warst — mein Un-
terhalter beim Regen- oder Thauwetter;
meine Zuflucht gegen kalte Kirchen und wizi-
ge Predigten.

Mar-

Markis Gros-Jean.

Der Marquis Gros-Jean ist ein vornehmer, reicher Herr, der sich ruinirt hat. Bei den glänzendsten Gütern stekt er bis an die Gurgel in Schulden. Er hat Alles durchgebracht, Alles versezt bis zu seiner Tabatiere und seinen Schuhschnallen. Seit einigen Tagen lebt er nur noch von der Hand ins Maul; und seine ganze Garderobbe scheint aus dem Hemd zu bestehen, das er auf dem Leibe trägt.

Aber er ist noch nicht so ganz und gar kapot, wie man glaubt. Seine Hilfsquellen sind unermeßlich. Mit einem entschlossenen Geist von Spahrnis auf der einen, und einem weisen Gebrauch seiner Einkünfte auf der andern Seite, kurz mit einer richtigen Haushaltung, kan er seine Bilanz wiederherstellen.

II. Bändchen. G Es

Es ist wahr, er wird Wunder thun müssen; aber diese liegen nicht außer seinem Vermögen. In der That hat er mehr Aussichten als gewisse andere Marquis, die nicht weniger auf dem Eis schwimmen.

Mit Einem Wort: er ist ein Kranker, welcher sich durch Wohlleben, Scharletanereien und schlechte Apotheker die Hektik zugezogen, der aber noch Säfte genug hat, sich zu erholen. Man kan nicht läugnen, die Kur wird heroisch seyn müssen. Palliative helfen nicht; Brechmittel noch weniger. Es muß eine neue, einfache und strenge Diät seyn. So kan ihm bei der Güte seines Temperaments, und der Stärke seiner Nerfen wieder geholfen werden.

Das wäre, sprecht ihr, nicht möglich? Der Markis hat, wie man sagt, 3 Milliarden 600 Millionen jährliche Einkünfte. Die Kapitalzinnse, welche darauf ruhen, und einige andere schreyende Schuldposten erfodern 60 Millionen und ein Drittel. Für seine Tafel, sein Hauswesen und seine menus plaisirs

sirs braucht er 24 Millionen. Baukosten,
Brandschäden, Almosen, Kreissteuren 2c. 2c.
416 Millionen. Facit 500 Millionen.

— Der Markis rechnet nur in runden
Summen: die Abschnittsel überläßt er seinen Lakayen. —

Wenn er nun sein Kapital blos zu 10
Prozent anschlägt — ein sehr billiger An-
schlag gegen Dem, was die Markise, seine
Nachbarn, ihren Pächtern und Unterthanen
abnehmen — so sieht man, daß er Bilanz
halten, und noch darzu was Ehrliches an
seinen Schulden abzahlen kan.

Es ist mir also nicht bange für seinen
Katharr. Nur mus er sich den Aerzten überlassen und zu viel Luft meiden.

Zur

Zur Geschichte der Reliquien

ein Beitrag

aus der neueſten Zeit.

Wir wiſſen, daß das Feur den Heiligen nicht ſchaden kan. Martirer, beſonders wenn ſie mit Reliquien bewafnet waren, widerſtunden dem ſiedenden Oel. Aber man hat kein Beiſpiel, daß ſie dem Schwerd widerſtunden. Dieſe Beobachtung iſt merkwürdig.

Die Geſchichte, und vornehmlich deren bewährteſter Theil die Legende, belehrt uns, daß ſie im Waſſer obenſchwammen, daß ſie durch glühende Oefen unverlezt giengen. Sie weis hingegen keine Thatſache, daß ein Martirer dem Schwerd entwich.

Wenn alle Henkerkünſte an einem Heiligen verlohren waren: ſo entſchied das Schwerd.

Schwerd. Dieses verfehlte seinen Mann
nie. Es war daher immer die Ressource
der Henker, und ihrer Brüder der Tirannen.
Und Alles, was ein Todter erlangen konnte, war, daß er, wie der heilige Dionys,
mit dem Kopf unterm Arm herumgehen
könnte.

Georg Castriotto, Scanderbeg genannt,
war einer der frömmsten und tugendhaftesten
Sterblichen. Er that für die Religion mehr
als der heilige Bernhard und alle Malthe-
serritter. Denn man weis, daß Muhamet II,
der Eroberer von Konstantinopel, zu sagen
pflegte: Wenn Der nicht wäre: so hätte
ich den Venezianern den Golf auszusauffen
gegeben, und meinen Turbant auf den
Kirchknopf zu Sankt Peter gesezt.

Pabst Niklas IV war auch bereit, ihn
heilig zu sprechen, wenn die Familie des
Beg jene hunderttausend Scudi aufbringen
konnte, ohne welche sich zu Rom keine Wunder thun, und ohne welche kein Heiliger in
Paradies eingeht.

G 3   Castri-

Caſtriotto kam, wie man weis aus 28 wütenden Schlachten, unverletzt zurük. In diesen hatte er, wie uns sein Adjutant und lebenswühriger Streitgefährte, Tanusio, versichert, über 2000 Türken mit eigener Fauſt erwürgt, ohne sich in Finger zu rizen. Hier iſt Wunderthätigkeit.

Auch leiſten seine eigenen Feinde, die Türken, seiner Wunderkraft Gerechtigkeit — und Dies iſt eine unverwerfliche Probe derselben. Sie wallfahrten zum Grabe Scanderbeg's, und glauben an seine Reliquien.

Hierunter gehörte Muſtafa-Stanchir Baſſa von Damas. Er trug einen Partikel vom Steißbein des großen Scanderbeg im Busen. Diese Reliquie hatte sich vom Jagut-Arnaut, dem Zeitgenoſſen des Helden und einem seiner vertrauteſten Freunde, welches der Ur-Ur-Großvater des Baſſa von Damas iſt, in der Familie herabgeerbt. Und es war die allgemeine Religion der Familie, daß, wer sie an sich trüge, der wäre unverwundbar. Weder Muſket- noch Kanon-

nonkugel, weder Gift noch Strik könnte ihm
beikommen.

In einem so heiligen Geruch ist Scanderbeg bei den Unglaubigen selbst: Er, der
so arm starb, wie ein wahrer Heiliger, und
gegen dessen Andenken der Pabst, dem er
Krone und Leben erhalten hatte, so undankbar war, daß er ihn weder umsonst heilig
sprechen wollte, noch seinem Sohn, dem
der rachschnaubende Muhamend Land und
Leute nahm, auch nur eine Pfründe gab.

Allein, wie gesagt, Reliquien schüzen
wider Feur und Wasser, nicht aber gegen
das Henkerschwerd. Mustafa-Stanchir hatte die zween leztern Kriege mit Rußland
durchgefochten. Er hatte den ganzen Feld-
zug gegen die Oesterreicher mitgemacht. Bei
allen Scharmüzeln seines Corps war er an
der Spize; und aus allen kam er heil.

In der lezten Affaire, bei Braila, gerieth einer seiner Söhne, würdige Erben des
Heldenmuths ihres Vaters, in Rußische

G 4   Kriegs-

Kriegsgefangenſchaft. Der Obriſte Gallo
lernte ihn kennen, und erinnerte ſich des
Paſcha, mit dem er zu Smirna bekannt
wurde, als dieſer noch eine Galeere kom-
mandirte. — „Lebt ihr Vater noch‟ fragt
er den jungen Muſulmann „und führt er
ſeinen Talisman noch ?‟

Helas! verſezte der Jüngling; er be-
ſchüzte ihn in 50 Scharmüzeln; endlich kam
ein elender Chiaux mit einem Firman vom
Großherrn und legte ihm mit Einem Hieb
den Kopf vor die Füſſe.

Canne-

Cannefas zur Vorrede

für die Geschichte, die ich schreiben will.

Endlich ist's den Menschen gelungen, das Verhältnis zu finden zwischen Lectür und Zeitvertreib. Sie sind auf die Geschichte gefallen.

In der That, nur im Zirkel eingebildeter Wesen leben, Nichts als künstliche Tugenden bewundern, immer für schimärische Personen leiden, das ermüdet. Aber sich mitten in die wirkliche Welt sezen; die die eigenthümlichen Tugenden und Laster der menschlichen Rasse betrachten; jene wahrhaft große Seelen, welche Schöpfer der Gesellschaft wurden und das Glük ihres Jahrhunderts waren, so wie die Mordbrenner, die zum Ruhm keinen andern Weg wußten, als übers Schlachtfeld, oder die Lotterbuben, welche mit der Menschheit ihren Spott trieben

G 5

ben und sie am Halfter führten, hervor-
ziehen und abwägen; die Grundgeseze, so
die bürgerliche Gesellschaft bilden, aufsuchen,
und dem Gang der Aufklärung und der Sitten und der Künste nachgehen; eine solche
Beschäftigung befriedigt zu gleicher Zeit die
Einbildungskraft und den Verstand.

Einst schien es, daß die Erde nur für
die Großen, und zwar nur für Einige ins-
besondere geschaffen wäre. Beinahe der ganze Rest der Menschheit blieb vergessen. Die
Geschichtschreiber glichen in diesem Stük
den Tyrannen, die sie schilderten. Sie opfer-
ten ihrem Gözen Alles auf. Die Regenten
hatten Nichts nötig, als einen Nahmen,
um ihren Theil an den Jahrbüchern der Welt
zu haben. — Traun! Der eigentliche Karakter der Geschichte sollte der seyn, daß man
keinen Auszug machen könnte, ohne dem
Ganzen zu schaden: zum Unglük läßt sie sich
nicht lesen ohne Auszug.

Bei

Bei Uns ist's, wie gesagt, anderst. Die Sachen sind an ihrem Plaz gestellt; und

„des Genies Sieg wird Sieg der Menschheit."

Fürwahr, Was war vor Kurzem noch das Gemälde Europens. Eine finstere Scene von Blizzen durchkreuzt. Im Vorgrunde des Thron des Despotism auf brennenden Fluren und von Blut und Menschenfett dampfenden Feldern ruhend. Zu einer Seite unterstüzt ihn die Religion, zur andern der Geiz. In der Vertiefung die zerstümmelten Statuen der Menschlichkeit, der Aufklärung, und ihrer Wohlthäter.

Aber izt? Die Sonne auf der Höhe des Horizonts. Unter ihr blühende Fluren und erleuchtete Gefielde. Im Vorgrunde der Tempel der Freiheit, in dessen Mittelpunkt das Bild der Philosophie, vor welchem die Nationen anbethend auf den Knien liegen. In der Vertiefung die Fluht des Despotism,

der

der Vorurtheile, des Aberglaubens und der Illusion.

Zwar bin ich's nicht, der dieses Bild zeichnen wird. Es muß ein Mann seyn, den die Musen eben so sehr auserkohren haben als die Grazien; der mit einem hellen Geist den glüklichsten Ausdruk verbindet; ein Mann groß von Gefühlen, nett, hinreißend und glänzend von Idee. Aber wagen darf ich's zu errathen, wohin er uns führen wird.

Die Fakel der Philosophie in der Hand wird er uns, mitten zwischen Abgründen und Ungeheuern hin, durch den unermeßlichen Labyrinth der Broschüren, der Zeitungen, der Libelle, der Apologien, der Gaßenhauer, der Polemiken ꝛc. ꝛc. leiten bis an die Gränze des achtzehnten Jahrhunderts. Hier wird er uns den Genius desselben weisen umrungen von den schöpfenden Geistern der Epoche — den Voltairen, Montesquieu, Roufseau, einem Febron, Raynal, Fränklin ꝛc. ꝛc.

Wel‐

Welche Erscheinung! Die Rechte der
Vernunft und des Menschen erwacht — die
wahren Grundsäze der Gesellschaft nachge-
sucht und aufgeklärt — der öfentliche Blik
zum allgemeinen Besten geleitet — alle Quel-
len und Kanäle des menschlichen Verstands
geöfnet und gereinigt — die Dachläden, welche den Tag hinderten, in den Geist der
Nationen zu fallen, ausgehoben — ein Jahrhundert, wo die Welt aufgehört hat, das
Spiel der Politik und der Religion zu seyn!!
Sehet da den Umriß des Gemähldes.

Jede Springfeder des Staats angezogen
und befestigt; die Tugend geschäzt; das
Verdienst belohnt; der Patriotism ermun-
tert; die Thränen der Armen abgetroknet;
die öfentliche Erziehung angelegt; die Wissenschaften vom Unrath gereinigt; die Schul-
füxerei verjagt; der Akerbau aufgemuntert;
die Finanz von den Dornen geläutert; die
Religion aufgeklärt; die Naturgeschichte kul-
tivirt; die Philosophie gemeinnüzig gemacht;
die wahre Moral vom Himmel herabgeru-
fen; die Oekonomie zum Wettstreit aller Menschen,

schen, und die Regierungskunst zum Studi-
um der Fürsten gebracht; die Aufklärung
der Gesezze, und die Unterthanenliebe hergestellt rc. rc. Dies sind Parthien, welche
der Mahler in die Ausfüllung legen wird.

Was Mich betrift, der ich ein bloßer
Tüncher bin; ich unternehme Nichts als
Kuchelstüke. Hier ist die Skizze von jenem,
welches ich zu liefern gedenke.

In der Gestalt eines großen schlafenden
Kinds liegt die Welt in der Wiege. Um
die Wiege her gaukeln Träume, Schimären,
Nixen und Fantome. Zur Seite aber sieht
man als Attribute: ein Stekenpferd, Leyern,
Klappern, Gängelbänder und eine Ruthe.
Eine Fee erscheint (die Philosophie) und be-
rührt das Kind an der Stirne. Plözzlich
erwacht es, springt auf, zerreißt die Wie-
genbänder, reibt sich die Augen, und wird
zum Riesen.

— Mü-

— Müde, so ruft der Riese, indem er
die Klappern zum Teufel wirft, von Huren,
Pfaffen und Schalksnarren, von gekrönten
und geweihten Schurken, von Kraut, und
Kürbsköpfen in aller Gattung gegängelt zu
werden, will ich mich selbst erziehen. — Er
stampft mit dem Fuße: die Ruthe verwandelt sich in einen Zauberstab, das Stekenpferd in die ENCYCLOPAEDJE.

Unterwärts stehen die alte Zeit und die
neue unter der Figur des Doktors und des
Amtmanns im moralisch- politischen Pup-
penspiel. Die alte Zeit spricht:

„Nicht wahr, Herr Amtmann, Man ist,
    Was man bleibt?„

Amtmann.

„Man ist, wie man's treibt.„

Die

Die Blaufüchse.

Eine schinesische Anecdote.
(Dritter Theil.)

Mandarin Mem-Cu, soll ich fortfahren? Oder ists genug? Sie verstehen mich. Soll ich reden, oder schweigen? Ich könnte, wie Sie sehen, ihr ganzes Projekt mit dem verächtlichen Heu entdecken. Ich könnte Sie beschämen, noch ehe es reif würde.

Aber ich will nicht Ihr Henker seyn. Ich bin bescheidener als Sie. Werden Sie es aber noch wagen wollen, es auszuführen? Laßt sehen. Ich ziehe inzwischen einen Vorhang über den Rest der Geschichte. Sollten Sie ihn aber aufheben: so erinnern Sie sich des Denkspruchs Con-Fu-Tse's:

„Man ist den Todten Nichts als Wahrheit schuldig, den Lebendigen aber noch Etwas mehr."

Die

Die armen Türken!

Andere mögen die Zeitung für ihr Vergnügen lesen: ich lese sie für meine Erbauung.
Selten übersehe ich einen Artikel, der mich
in meinem Glauben befestigen kan.

Wenn ich, zum Exempel, finde, daß sich
die Pforte weigert, vom Status quo abzugeben, weil den Moslem ihr Gesez nicht
erlaube, das Erbgut Muhameds zu veräus-
sern: so seufze ich bei mir selber — die armen Türken! Auch Sie haben also eine
Religion! Gewis. Aber wie ungeschmei-
dig muß sie seyn!

Sie läßt sich also nicht beugen? Sie
richtet sich nicht nach der Zeit, nach der
Convenienz, nach dem Bedürfnis? Es giebt
keine türkischen Jesuiten, um sie zu formen,
zu plätten, zu drexlen, und dem Gewißen
anzupassen? Dürftige Religion! Welcher

II. Bändchen.   H   Unter-

Unterschied zwischen ihrer Moral und der
christlichen: Jene befiehlt nur, das Seinige zu erhalten; die unsrige aber lehrt, wie
man Andern das Ihrige ohne Scrupel nehmen könne. — Die armen Türken?

Neri-

Nerine an Erfilie.

Sie billigen es also, daß wir unsere Kinder die Komoedie spielen lassen. Wirklich
wüste ich keine bessere Uebung für ihre Köpfe und Aerme. Allein um auch ihre Füße
zu bilden, haben wir sogar einen Ballet damit verknüpft. Das heißt weit gebracht!
werden Sie rufen. Aber merken Sie Sich,
meine Freundin, daß Nichts schwehr ist,
was einen Zwek hat.

Unser Ballet ist immer verschieden, weil
er — wie es überall seyn sollte — aus dem
Stof des Drams genommen ist, oder wenigstens mit ihm in Verbindung steht. Folglich sind unsere Vorstellungen immer ein Ganzes. Und dies, deucht mich, mus jedes
Schauspiel seyn, welches mehr für den Eindruk und das Nachdenken da ist, als für's
Vergnügen und die Zerstreuung.

Da-

Da unsere kleine Schauspielergesellschaft uns bat, sie die Sonnenjungfern aufführen zu lassen: so machte der Abbt Palmierin den Ballet dazu.

Hier ist sein Programm.

Die Sonnenjungfern.

Ballet

zum Schauspiel dieses Nahmens.

Für die Kindergesellschaft bei Nerinen.

1ter Akt.

Tempel der Sonne. Ein Altar, in dessen Mitte eine leuchtende Kugel von Cristall. Der Altar ist mit Guirlanden aus Weinreben, Aehren und Myrthenzweigen eingefaßt. Am Fuße desselben liegen Füllhörner.

Sinfonie. Sie drükt einen Hymnus aus. Mitten unter derselben erscheinen sechs Sonnenpriester. Sie tragen weiße Kleider mit feur-

feurfarben Binden um die Stirne. Hinter ihnen zween Knaben (Amor und Hymen), welche einen mit Kränzen und Fakelkerzen angefüllten Korb tragen.

Die Priester tretten vor den Altar, und bethen an. Die Knaben sezen den Korb zu ihren Füßen. Eine Tromete ertönt; und es erscheinen sechs Jünglinge und sechs Mädchen paarweis. Die Jünglinge tragen Myrthenstäbe in ihren Händen, die Mädchen Rosen. Sie stellen sich einander gegenüber zu beiden Seiten des Altars in Linie.

Jeder Priester nimmt eine Fakel aus dem Korb, und zündet sie am Feur der Sonnenkugel an. Hierauf nähern sich die zween jungen Götter tanzend dem Altar, zünden ihre Fakeln an jener des Oberpriesters an, und machen alsdenn einen Pas de Deux.

2ter Akt.

Der Oberpriester schwingt seine Fakel gegen der Sonne. Izt tanzen die zween Knaben.

H 3

ben, jeder auf eine Linie zu: der eine holt
einen Jüngling, der andere ein Mädchen.
Diese führen sie vor den Altar. Der Oberpriester nimmt zween Kränze, sezt sie dem
Paar auf, und segnet sie. Die Knaben über-
reichen ihnen sofort ihre Fakeln. Nun tanzt
das verlobte Paar einen Pas de Deux. Hierauf giebt es den Knaben die Fakel wieder
zurük, und stellt sich an seinen vorigen Plaz.
So wiederholt sich dieser Tanz fünfmal,
bis alle Paare getrauet sind.

3ter Aft.

Trometenruf. Ein Haufe fremder Mädchens und Jünglinge erscheinen. Sie bringen Körbe. Der Oberpriester winkt. Nun
erhebt sich erstlich ein Pas de Douzè von
den Brautpaaren. Er winkt nochmal. Alles nähert sich dem Altar, und umringt solchen im Kreise. Izt opfern die Verlobten
die Geschenke, welche man ihnen in den Kör-
ben nachbrachte. Es sind Blumen, Tau-
ben, Rauchwerk 2c. 2c. Der Oberpriester
zündet ein Opfer an. In solches werfen
die

die Jünglinge ihre Myrthenstäbe, die Mädchens ihre Rosen. Izt weiht er die Hoch-
zeitschaale, und reicht sie den Verlobten.
Nun entsteht ein allgemeiner Reigen. Priester, Götter, Verlobte und Gäste umtanzen
den Altar.

Spotten Sie nicht über diese Pauvrte,
Ersilie, Sie ist nicht für das Publikum gemacht, sondern für ein eingeschränktes, häusliches und kunstloses Theater: mit Einem
Wort, für ein Kindertheater. Etwas Dekoration, eine mäßige Bewegung und ein
leichter Text: Dies ist's, wie es scheint,
was für ein solches Theater soll.

Mei-

Meine Morgenstunde.

— — — Anton, Man klingelt; sei er 'mal so gut, und schau' er, wer's seyn mag.

Ant. Ein Fremdling.

— Bin zu Befehl. Stühle und Koffee!

Der Fremde. Sie nennen sich — — —

— Geront: und dero Diener.

Fremdling. Ich komme aus der Türkei, und habe ein Kompliment vom Pascha von Kahira bei Ihnen abzugeben.

— Vom Pascha von Kahira? Sie scher=
zen. — — Womit kan man sie bedienen?

Fremdling. Erlauben Sie. Hier ist meine Anweisung.

— „ihr

— „ihr alter Freund, Friedrich Alexander Graf von Gersdorf, Pascha von Kahira.„

Wie! Graf Gersdorf? Gott segne ihn! Er ist mir unvergeßlich. Mich freut, daß ich seine Verdienste belohnt sehe. Sie kennen ihn also? Erklären Sie mir doch, darf ich bitten, diesen Roman.

Fremdling. Bin ein Schweizer von Geburt. Mein Schikfal führte mich unter die Russen. Nachdem ich mich in Zwiebeln und Pferdefleisch satt gefreßen und 301 Kantschuhiebe für eine mißlungene Desertion auf der bloßen Haut hatte: so gerieth ich bei Martinieste in türkische Gefangenschaft. Von Station zu Station kam ich nach Kahira. Einst besuchte der Pascha den Bagno. Mein Schikfal rührte ihn. Er erinnerte sich, daß mein Bruder ehemals das Glük hatte, ihn, auf seiner Reise durch die Schweiz, nach Würden aufzunehmen. Er vermittelte meine Entlaßung, und versah mich mit einem Paß und 150 Piaster, um nach Haus zu gehen.

H 5 — Dar-

— Daran erkenne ich den Grafen. Dies
ist Er.

Fremdling. Als ich ihm meine Reiseroute
wies: so fand er, daß ich hier paßiren
müste. Er erinnerte sich seines hiesigen
Aufenthalts, und trug mir vorzüglich auf,
Ihnen diese Karte einzuhändigen.

— Wie doch die Schiksale einander ab-
lösen! Gott, an welchen Fäden hängt
unser Ende!

Fremdling. Wie es scheint, so hatte der
Pascha mancherlei Schiksale. Nun ist er
etablirt und, ausser dem Podagra, vergnügt. Er hat einen guten Posten, ein
hübsches Harem und einen Keller mit
griechischem Wein.

— Freund: noch kennen Sie den Pascha
nicht ganz. Er ist einer der grösten Rei-
senden von Europa. Er hat alle Höfe
gesehen, und ist durch alle Labyrinthe der
Welt gegangen. Man sagt, daß er ver-
schiede-

schiedene Religionen versucht habe. Itzt
hat er die wahre gefunden — Einkommen
und Ruhe.

Fremdling. Inzwischen soll er ein bigoter
Muselmann seyn.

— Ich glaube es Ihnen, dann er ist klug.
Däucht sie nicht, wenn man Pascha ist
und ein Serail hat: so ist's sehr leicht,
Türk und bigot seyn?

Fremdling. Bei Gott! leichter als den
Russen dienen, und den Kantschu kriegen.

Frag-

Fragment

der Predigt des Pfarrers zu Krautloch,

über Joh. 2. V. 6. ꝛc.

Meine Freunde. Der Evangelist Johannes berichtet uns, daß man den besten Wein zuerst gab; und wenn denn den Gästen die Köpfe anfiengen warm zu werden: so pflegte der Fusel zu kommen.

Betrachtet hier die Verdienste unseres Herrn Jesus: er wartete bis der Fusel ausgetrunken war; dann machte er guten.

Hieraus erhellet zweierlei. Erstlich Christus zeigt den Wirthen, daß es nicht löblich wäre, guten Wein herzugeben, bis die Gesellschaft betrunken ist, und alsdenn Kratzenberger. Er beschämt deswegen den Wirth. Zweitens zeigt er sich abermals als einen

Wohl-

Wohlthäter der Menschheit, indem er Men-
schenfreuden vervielfältigt.

Lasset uns also zur Regel dienen, daß
wir nicht mit Frontignac anfangen und mit
Wizzenhäuser aufhören: sondern daß wir
das Gute aufs Ende verspahren. So werden wir der Seligkeit theilhaftig werden.

Die Freigeister (das sind Diejenigen,
die nicht zur hochzeitlichen Tafel kommen,
sondern welche mit den Hunden die übrigen
Brosen vor der Thüre fressen werden,) sagen, daß dieses Wunder ein blosses Experi-
ment der Hydrostatik wäre; und sie berufen
sich auf das Rezept in Funk's natürlicher
Zauberkunst.

Aber merkt, meine Christen; daß erstlich Jesus der Welt Heiland den Funk nicht
zu lesen würdigen würde: zweitens daß die
Kunst hier blos nachäffet, was dort die
Allmacht that.

Lasset uns hingegen auch nicht ausgrübeln
wollen, wie viel die Krüge hielten, welche
Chri-

Chriſtus anfüllte, um nicht in den Fehler
jenes Prälaten zu fallen, welcher alle Wunder der Schrift ins Raſtatter Maaß brachte.

An

An
Herrn Schauspieldirector Großmann.

Um Verzeihung, edler Mann! Entschuldigen Sie meine Thorheit. Ich glaubte, mich über Ihren Einfall, einem teutschen Gelehrten ein National-Monument zu errichten, lustig machen zu müssen. Diesen Augenblik eröfne ich das Journal des Herrn Bertuch vom vorigen Monat: ich erröthe.

Erlauben Sie, daß ich meinen Wiz einpacke; Nie war er übler angebracht. Ich besann mich nicht, daß es ein Wienertheater gäbe, und daß dieses einen Kavalier zum Vorsteher hat. Dies hätte mich belehren sollen, was man der Erwartung schuldig sei.

Sie hat mich beschämt. Von einem Großen unseres Jahrhunderts Weniger vermuthen als Hochherzigkeit, und von den
Lehrern

Lehrern schöner Gefühle was Anderes als
Prachtlieb *) — wäre strafbar. So,

Sir,

muſte man von der Regung des Theater-
Kabinets zu Wien und ſeines erlauchten Chefs
denken. Ich bin über meine Sottiſe in Verzweiflung.

Nichts beruhigt mich, als das Glük, ſo
ich Sie machen ſehe. Es entzükt mich. Bei
ſo ſchönen Muſtern kan es unmöglich an
Nachfolge fehlen. Ich gratulire Ihnen zum
Sieg Ihres Vorſchlags. Mein Irrthum
iſt unverzeihlich.

Aber wie konnte ich mich auch ſeiner ent-
wehren. Einer meiner Freunde, ein teutſcher
Aedler — deſſen Ideen dem Vaterland mehr
als Einmal Ehre machen — der Baron von
Eberſtein, fiel vor einigen Jahren auf den
Gedanken, dem großen Guſtaf Adolf, auf
ſeine

*) Hochteutſcher Mann: Ueberſetze ich ſo recht:
Magnificence?

feine Koften, eine Denkfäule auf dem Plaz
zu ſtiften, wo er fiel.

Hiezu glaubte er, vor der Hand die Ge-
nehmigung des Hofs zu Stokholm, welchen
dieſe Apotheoſe zunächſt zu intereſſiren ſchien,
und dann jenes zu Dresden, auf deſſen Erd-
bezirk das Monument zu ſtehen kam, einho-
len zu müſſen.

Der Gedanke war ſublim. Guſtaf Adolfs
Verdienſte ſind unſterblich. Er war der
Retter der allgemeinen Denkensfreiheit, und
ihm hat Teutſchland ſein Heil zu danken.
Welche Theilnahm muſte er ſich nicht ver-
ſprechen dörfen?

— Keine. Aus dem Kabinet zu Stokholm antwortete man dem Baron kalt und
kurz: der Nahme Guſtaf Adolfs wäre Mo-
numents genug; Mehr wäre überflüßig.
Der Dresdner Hof ſchwieg ganz.

Inzwiſchen iſt Schweden dieſem Helden
ſeine Titel auf Liefland und Ingermanland
II. Bändchen.   J   — folg-

— folglich die Baſis ſeiner gegenwärtigen
Unternehmungen wider Rusland — ſchuldig.
Und ohne ihn beſäße Sachſen die Lauſiz
nicht.

Der Baron wendete ſich hierauf an die
Vermittlung Seiner iztregirenden Maj. in
Preußen. Ein ſolches Vorwort, hofte er,
müſte den ſächſiſchen Hof endlich beſtimmen.
Ich weiß mich nimmer zu erinnern, welche
Antwort er erhielt: vermuthlich war ſie
fein — aber leer; weil das Monument un-
terblieb.

Geſchieht, dacht' ich mir nun, Das am
grünen Holz, was ſoll aus dem dürren werden. Allein mit Vergnügen erkenne ich meinen Irrthum. Die Zeit verbeſſert Alles;
und der Ehrgeiz macht, wie ich ſehe, die
Tour um die Erde.

Pedan-

Pedantereien.

Als ich diesen Morgen meine Lection im Montesquieu wiederholte: so fiel mir folgende Stelle in der Defense de l' esprit des loix auf:

„De plus, j'ai remarqué. . . . . .

Doch, es sei mir erlaubt, mich in meiner Muttersprache zu üben.

„Noch mehr: ich habe bemerkt, daß die Deklamation eines Rasenden blos auf Diejenigen Eindruk macht, welche selbst mit der Wuth behaftet sind. Die Leidenschaft räsonirt niemals; und noch weniger überzeugt sie. Das größere Publikum, welches bei kaltem Blut ist, verlangt Gründe: nicht Phrasen. Würde der Autor seiner Deklamation auch noch tausend Schimpfwörter Mehr hinzusezen: so bewiese solche immer

J 2 weder

weder Mehr noch Weniger — als daß er
erhigt ist."

Welcher Schade, dacht ich bei mir, daß
so viel Feur, so viel Nachdruk, so viel Stärke, welche sich in dem Brief des Markis
Bouille *) befinden, vielleicht verlohren geben; weil mancher Leser dabei fühlen dörfte, was Montesqieu sagt!

Fort-

*) Lettre de Mr. le Marquis de Bouillé, Géné-
ral de l' armée françoise fur la Meuse, à l'
assemblée nationale. A Luxemburg. le 26
Juin 1791.

Fortsezung der vorigen Materie.

Die Scenen in Frankreich — worüber man sich bei Lesung jenes Briefs unmöglich eine Betrachtung versagen kan — erinnert mich unaufhörlich an eine andere Stelle des unsterblichen Montesqieu.

Sie findet sich in den Lettres persannes.

„Unglüflich ist der König, der nur Einen Kopf hat. Es scheint, daß er alle Macht der Regirung in solchem nur vereinige, um seinen Gegnern zu zeigen, wohin sie den entscheidenden Streich richten müssen."

Wir sehen also, daß der Despotism seine Blössen hat, just so gut wie jede andere Regirungsform. Die französische Revolution enthält doch eine unermeßliche Moral für Gesezgeber und Regenten!

J 3

Die

Die Nachwelt, welcher es vorbehalten
ist, die Geschichte unserer Zeit mit der ge-
hörigen Einsicht und Aufklärung zu lesen,
wird vielleicht den Ausspruch thun, daß Ludwig XVI von seinem Anhang falsch berathen
war. Anstatt, wird sie sagen, daß man
den Weg der Gegenrevolution ergrif, hätte
man jenen der Verstellung ergreifen sollen.
Der König hätte zu Allem eine gute Miene
machen; er hätte Alles de bonne grace bewilligen; und die Hilfe von der Zeit, dem
großen Arzt für alle Dinge, erwarten sollen. Unter dem Beistand des angebohrnen
Wankelmuths der Nation, der natürlichen
Liebe der Franzosen für ihren König, und
einer wolmaskirten Politik würde die Zeit
ihren Beruf erfüllt, und die Sachen tout
doucement zurechtgelenkt haben. Man wird
an Allem satt, folglich auch der Anarchie.

Auf dem übelorganisirten Damm hingegen, den man dem Stoß entgegensezen
wollte, verlor man das Gleichgewicht. Je
mehr man seinen Gegner in Verzweiflung
sezt, desto mehr macht man ihn mit seiner
Stär-

Stärke bekannt. Rasende aber sind nicht schwach.

Und diese Reflexion wird sie, die Nach-welt, auf die seltne Analogie gründen, wor-inn die französische Revolution mit der eng-lischen steht. Nichts ists simpler und ein-leuchtender als diese Vergleichung.

„Karl I. verdiente freilich sein Schik-sal nicht. Allein Dies war sein Kennzug: Schwachheit und Unbesonnenheit. Er kann-te die Kunst nicht, mit Anstand nachzugeben. Er versuchte die Gewalt, wo sie lächerlich war, und vergaß seiner Würde, wo sie ihn unterstüzte. In dieser unglüklichen Lage muste ihm ein Mann auf dem Wege begeg-nen wie Cromwell war.„

„So trafen die fatalsten Umstände zu-samm. Es muste gerade damals eine der außerordentlichsten Gährungen in Religions-und Staatssachen herrschen; gerade jeder Potentat in Europa mit sich selber beschäf-tigt seyn; mit Einem Wort, die Welt gerabe in einer solchen Krise liegen, daß Niemand dem unglüklichen Hause Stuart beispringen konnte. Es war Mehr nicht nötig, als sich des Königs zu versichern, um die ganze Kabale (der Whigs) zu zernichten.„

„Mit ein wenig Königsgeist und ein Bisgen von der Kunst des Magny *) hätte Karl sein Schiksal vermieden. Denn die Zeit rächte ihn: die Nation wurde der Verwirrung und des Müssiggangs müde. Das Verhängnis erwekte einen Monck; und die Sachen traten von selbst wieder an ihren Plaz, ohne daß es Karl'n II auch nur die Mühe kostete, den Finger zu rühren."

Barnard's new, and comprehensive
History of England.

So that Natur Mehr als die Kunst.

Ich möchte wol die Bemerkung noch hinzusezen, daß eine wolaufgeklärte Kabale es,
wie

*) Ein berühmter Balançeur.

wie mich dünkt, nie schicklich finden wird,
die Parthie der Empörung vor der Stirne
anzugreifen, weil auffsprossende Freiheit natürlicherweis eifersüchtiger und stärker ist,
als eine älternde.

In dieser Ansicht stelle ich mich vor, daß
es dem Ministerium Ludwigs XVIII, des
XIX, des XX ꝛc. ꝛc. nicht schwehrer gefallen seyn müste, das Parlament zu beherr-
schen, und den Despotism — unter einer
andern Gestalt — auszuführen als den Wal-
pole's, den Bute's, den North's ꝛc. ꝛc.

Ma

Ma Façon de penser.

Zu Ende des Jahrs 1789 — folglich lange vor der Erscheinung des 3ten Tome der Mémoires de Richelieu — erhielt ich einen Brief aus Frankreich: man bäte mich um Aufklärung der Gründe, die mich zu jenem Paradox bewogen hätten, welches ich einst in meinen Blättern *) darstellte, daß l' homme au masque de fér der ältere Bruder Ludwig's XIV war. Wenn ich diese Behauptung wahrscheinlich zu machen wüste: so erwarte mich ein der Wichtigkeit dieser Entdeckung würdiges Präsent, welches eine Gesellschaft historischer Freunde dafür bestimmt hätte.

Ich nahm diesen Antrag für die Schwärmerei irgend eines Galopin vom Jacobiner-Klubb. Indessen erschrak ich über den Misbrauch,

*) Das graue Ungeheur. 1 Band, Seite 97. 2c.

brauch, wozu ich unschuldigerweis ein Werk-
zeug werden konnte. Und blos um diesem,
soviel in meinen winzigen Kräften wäre, vor-
zubeugen: so beantwortete ich den Brief.
Außerdem würde ich ihn für eine Lockspeise
betrachtet haben, die zu plump und zu verächtlich wäre, um einen Menschen von offenen Sinnen zu körnen.

„Wenn, antwortete ich, ein Ungeheur
Etwas behauptet: so mus es im Karakter
desselben liegen; es mus ausschweifend, es
mus übertrieben seyn. Betrachten Sie mich,
darf ich bitten, in Rüksicht meiner Rolle
gegen das Publikum nicht anderst als wie
einen Pariser Schöngeist, der in einer Abendgesellschaft zu gefallen sucht. Es würde
grausam seyn, ihn in der Frühe für Das-
jenige verantwortlich zu machen, was er
Abends zuvor beim Schaum des Scham-
pagners, und um seinen Zoll zur Zerstreuung
der Gesellschaft beizutragen, ersann. Das
Präsent, welches sie mir antragen, macht
mich also schaamroth, je mehr es, wenn ich
es jemals zu verdienen wüste, mein Pflicht
wäre,

wäre, dasselbe auszuschlagen. In der That, mein Herr, feiner konnten Sie mich nicht an meine Unbesonnenheit erinnern, als daß Sie mir zu erkennen geben, wie strafbar es wäre, sie fortzusezen. Erlauben Sie also meinem Geist die Gerechtigkeit gegen sich selbst, daß ich eile, ein Paradox zurückzunehmen, welches mich in Ihren Augen verächtlich machen könnte. God save the King! Hier ist Alles, womit ich Ihnen auf Ihre gütige Aufforderung zu antworten weis.„

Ei!

Ei! So warten Sie doch, bis Sie Bischof werden.

Siehe da einen Calembour, der zu meiner Zeit sehr gangbar war. Man weis die Anecdote dazu. Doch, vielleicht ist sie vergessen. Um ganz zu seyn, mus ich sie also zurükrufen.

Die Frau von Cavanac ist, wie ganz Europa bewust ist, die Mutter des Abbt von Bourbon *). Um dieses ihres Sohns willen, muste sie die Geistlichkeit bei sich aufnehmen. Prälaten, Abbees, Mönche von allen Farben versammelten sich bei der Frau von Cavanac. Ihr Haus war der große Markt für Alles was ein Käppchen trug, oder das Brevier bethen konnte.

Bei

*) Natürlicher Sohn Ludwig's XV. der zu einem großen Kirchenlicht bestimmt war.

Bei diesen Umständen konnte es der Frau
von Cavanac unmöglich an Beschäftigung
fehlen. Sie war artig und schmachtend;
und der Abbee Boisgelin, Großvikar von
Aix und Generalagent der französischen Geist=
lichkeit, war ein feuriger, schöner und ga=
lanter Mann.

Einst kommt der Herr von Cavanac un=
vermuthet zu Haus. Es war nur erst Mit=
ternacht. Er findet seine Frau verschlossen.
Der Herr von Cavanac ist von Natur ein
brutaler Kerl: er sprengt die Thüre ein.

Gräuslicher Lärm! Madam im Unter=
rok — ein Fremder, der sich zusammzuraffen
scheint — die Vorhänge verwirrt. Der Herr
von Cavanac wird rasend — oder er stellt
sich wenigstens so. Er will seine Frau schla=
gen. Ihr Ritter nimmt sich ihrer an; er
erwischt die Feurzange und schlägt dem Pol=
terer das Hirn ein.

Nun erscheint die Nachtwache mit ihrem
ganzen Pak. Man träntscht, man amtet,
man

man protokollirt. Aus Respekt für die Frau von Cavanac, und einen Geistlichen von vornehmem Rang bricht man ab. Aber in der Frühe muß es gleichwol bei der Polizei gemeldet werden.

Der Herr von Sartine findet den Fund allzuschön, um ihn nicht seinem Tagebuch einzuverleiben. So erfährt's der Großweschir.

— Wie? Der Großweschir! Wie muß man Dies verstehen? Unter der Regirung Ludwig's des Läßigen muste der Polizeipräsident ein geheimes Journal über alle rare, ärgerliche, lustige, ungeheure Vorfälle seines Amts führen, und sich jeden Morgen damit beim Frühestuk des Königs einfinden. Dieses Journal, das Protokoll aller möglichen Polissonerien und Ruchlosigkeiten von Paris, war die einzige Würze, um das Polypenleben des Königs aufzuheitern, und der tägliche Katechismus des Hofs. Ludwig der Läßige versäumte es nie. — Wo ist Sartine? war seine erste Frage, so

spricht

spricht die Kronik, sobald er seinen Pißtopf
abgesezt, und sich in Schlafrok geworfen
hatte.

In der That war es zugleich ein Vehi-
kel, dessen sich die Minister bedienten, um
dem König beizubringen, was sie gerne wollten. Denn da Ludwig der Läßige ein Tod-
feind von jeder Art Arbeit war, so war
dies noch der einzige Weg, ihm einzupum-
pen. Deswegen nannte man im Vorzimmer
die grüne Schachtel, worinn das Journal
lag, nur das Stekenpferd des Königs.

Sein Nachfolger, Ludwig der Strenge *),
welcher dergleichen Zeitvertreib verachtete,
und nach den wahren Leitseilen der Regirung
rang, hob es auf. Aber der Graf von
Maurepas, ein Weltmann und Liebhaber
von Schalksstreichen, lies es ins Geheim
fortsezen bis an seinen Tod; da es denn
wirklich aufhörte — oder wenigstens dort
blieb,

*) „Je veux donc qu'on m'appelle
Louis le sevére.,,
Ludwig XVI.

blieb, wo es bleiben sollte, nehmlich im Dunkel des Polizeiamts.

Diesen Minister nun nannte man, seiner Allmacht halber, den Weschir. —

Sobald der Weschir, sage ich, also das Stükchen im Polizeijournal fand: so ließ er den Abbt rufen, und filzte ihn über die Unvorsichtigkeit, sich bei einem hübschen Weib überraschen zu lassen, ab. Der Herr von Boisgelin beruft sich aufs Beispiel der Kirche. Dieser und jener Bischof, spricht er, halten Mätressen. — Ei, fährt der launigte Minister auf, so warten Sie, bis Sie Bischof sind!

Dieser Einfall nun wurde, wie gesagt, in Paris zum Gemeinplaz. Da er sich in tausend Fällen brauchen ließ: so spielte man mit ihm, bis er abgenuzt war. Gegenwärtig liegt er im faulen Stroh. •

Man muß gestehen, der Herr von Casvanac war ein heilloser Mensch; ein Spieler, ein Schwärmer, ein Hallunke. Er hatte seiner Gemalin ihr ganzes Vermögen durchgebracht. Und wenn er denn von seinen lüderlichen Nächten zu Hause kam, so mißhandelte er sie, und machte ihr allerhand Stänkereien, um ihrer Vorwürfe los zu werden.

Eine solche war vermuthlich die gegenwärtige Affaire. Denn, merkt's euch, ihr ewige Spötter! daß eine arme, bedrängte Frau tausendmal in den Fall kommen kan, sich mit einem klugen Freunde zu verschliessen. Das Herz ergießt sich so gern, wenn es voll ist. Und wer ist fähiger, uns beizustehen, zu rathen, unser Gewissen zu leiten, und unsere Geheimnisse zu verwahren, als ein Geistlicher.

Um nun auf unser Motto zurükzukommen: — man sagt zwar, eine todte Kazze soll man nicht erweken; aber doch, dächt' ich, ließ es sich schiklich auf den Kraftmann anwenden, der Frankreich so schön theilt, und diese Monarchie zwischen Oesterreich, Preussen, Sardinien ꝛc. ꝛc. in gleiche Portionen zerlegt.

Ueber

Ueber den Prozeß
der Klerisei und der Philosophie.

Die Geistlichkeit hat Unrecht, daß sie sich über die Philosophie beklagt. Sie ists nicht, die an ihrem Fall Schuld hat. Wann war das Ansehn der Kirche größer als im Xten, XIten bis zum XVten Jahrhundert? Damals gab es keine Macht auf der Erde, die sich mit jener der Geistlichkeit vergleichen durfte. „Die Verfassung der Kirche,, spricht ein sehr tiefdenkender Schriftsteller „konnte man von den Zeiten Ludwig's des teutschen an bis auf Maximilian für die mächtigste und furchtbarste Verbindung ansehen, die jemals gegen die Macht der bürgerlichen Regirung, gegen die Sicherheit der Staaten und die Freiheit des menschlichen Geschlechts errichtet wurde. Wäre diese Verfassung durch keine andere Feinde als die schwachen Bestrebungen des menschlichen Verstands an-

K 2   gegrif-

gegriffen worden: so hätte sie beständig fort»
dauren müssen. Allein jenes unermeßliche
und starke Gebäude, das alle menschliche
Weisheit und Tugend nie hätte erschüttern,
noch weniger umstürzen, können, unterlag
dem natürlichen Lauf der Dinge. Ein in»
nerlicher Wurm grief zuerst seine Bestand»
theile an, darauf schlug sich der Rost in die
Fugen, und so

mole ruit sua.„

Nichts ist gründlicher noch einleuchten»
der. Woher kam jenes Ansehn der Kirche?
Lasset uns überall auf die einfachsten Begri»
fe zurükgeben. Einst war eine Zeit, wo man
keine andere Art von Einkünften hatte als
Naturalien. Das Geld war äußerst rar.
Die großen Besizer, die Abbteyen und die
Barone, hatten nur Kästen voll Getreide,
Keller voll Weine, Ställe voll Viehe, und
Leibeigene. Hierinn bestund ihr Reichthum.

Was sollten sie nun damit thun? Ver»
kaufen konnten sie es nicht. Hiernächst war

es

es dem Verderben unterworfen. Sie ver-
zehrten es also. Daher ist die Gastfreiheit
das karakteristische Zeichen jener Jahrhun-
derte. Wer am meisten einzunehmen hatte,
der festinirte am meisten.

Auch soll die Gastfreiheit der Klerisei
damals sehr groß gewesen seyn. Sie er-
nährte nicht nur die Armen des Landes,
sondern auch eine Menge Schmaruzer und
Ebentheurer. Die Abbteyen waren das ordentliche Asyl der Ritter und der Bettler.
Der kleine Adel hatte kein anderes Ernäh-
rungsmittel als daß er von einem Kloster
zum andern herumwanderte, unter dem hon-
neten Vorwande der Wallfahrt.

Daher war oft das Gefolge eines Prä-
laten glänzender als jenes eines Königs.
Wo es Honig giebt, sagt das Sprüchwort,
da versammlen sich die Wespen. Und diese
Gastfreiheit der Klerisei, gestüzt auf ihren
Reichthum, war's, Was ihr Ansehn und
Macht erwarb: denn bei Wem man speist,
Dem glaubt man gern; und für die Tafel,

K 3   die

die uns nährt, ist man bereit, sein Leben zu lassen.

In der That, die Freigebigkeit der Klerisei verschafte ihr unter dem Poebel, — der keine andere Tugend kennt als diese — und welcher von ihr fleißig gespeist wurde, natürlicherweis Ehrerbietung. Alles, was einem so beliebten Stand zugehörte, oder ihn betraf, seine Güter, seine Privilegien, seine Lehre musten nothwendig heilig, und die mindeste Verlezung an ihm Frevel werden.

Izt erschien das Geld. Es veränderte die Physionomie Europens. Die beinahe mit ihm entstandenen Künste und Manufacturen, welche durch dasselbe unterstüzt wurden, führten den Handel, und seinen Sohn den Lux, ein. Nun stimmte sich der gesellschaftliche Ton um. Man lernte den Werth der Produkte, und einen andern Genuß des Lebens kennen. Das Schlampampen hörte auf; und die Gastfreiheit verwandelte sich in Selbstliebe.

Der

Der Klerus war nicht der lezte, welcher
an der Revolution der Sitten und des Geschmaks, die sich im XVten Jahrhundert ereignete, Theil nahm. Allein Dies war seine Klippe. Sobald die Gastfreiheit bei der
Geistlichkeit abnahm, so verlohr sich ihr Anhang. Der Geiz der Kirche — ein natürlicher Beding des Lux — löste die Bande
des Eigennuzes, welche den niedrigen Poebel bisher an sie geheftet hatte, auf; und
ihr Prachtleben entflammte die Eifersucht
und den Neid des Adels. So sank ihre
Wagschaale. Und sie wird fortsinken, so
lang die Kirche die Sitten ihrer Söhne nicht
ändert, und ihre Tafeln und Equippagen
reformirt.

Gewis, es ist sehr unphilosophisch, sehr
unlogisch von der Geistlichkeit gehandelt, sich
dem Licht widersezen und unabläßig Christus-
religion reklamiren, die ihr doch ihr Wohlleben, ihre Gemächlichkeiten und Reichthümer abspricht.

K 4   Es

Es ist kein Mittelweg für sie: entweder muß sie ihre Lebensart aufgeben; oder sie muß ein anderes Dogma einführen.

Wollte sie richtig räsoniren: so müste sie erkennen, daß es lächerlich ist, sich für eine Religion zu interessiren, die ihr nicht paßt. Sie müste zu wählen wissen: entweder Selbstopfer oder — ein neues System!

Aus-

Aussichten ins Anspachsche.

Die künftige Besiznehmung der Krone Preußen in Anspach und Baireuth, wovon die gegenwärtigen Anstalten das Wahrzeichen zu seyn scheinen, beut dem Beobachter einen dreifachen Gesichtspunkt dar: 1— in allgemeiner Beziehung auf das deutsche Reich; 2— in besonderer Beziehung auf das Haus Brandenburg; 3— in Beziehung auf das Land selbst.

In Ansicht des 1sten Punkts ist diese Veränderung dem deutschen Staatskörper offenbar vortheilhaft. Die Macht und Sicherheit des Reichs gewinnt in gleichem Grad — insofern die Lage dieser Länder ihren Besizer gleichsam zum Schiedsrichter zwischen Bayern, Böhmen, Sachsen ꝛc. ꝛc. macht, und folglich das Friedensſystem in Deutschland befördert wird — insofern sie die Kräfte des Reichs immer mehr conzentrirt; insofern sie

K 5

den

den Kriegsſtand deſſelben erhöht, welches
wahrſcheinlicherweis eine von den Folgen
der Beſiznehmung des preußiſchen Hofs in
Anſpach ſeyn dörfte.

Was den beſondern Vortheil des Hauſes Brandenburg anbetrift, der iſt allzu-
klar, um ihn zu verkennen. Die Erweite-
rung ſeines Anſehns und ſeiner Gränzen,
die Vermehrung ſeines Einfluſſes, der Lan-
deswerth an und für ſich ſelbſt, ſind unzwei-
deutige Züge. Das Haus Brandenburg ver-
mehrt ſeine Staaten durch zwei blühende,
produktenreiche und der Verbeſſerung unge-
mein fähige Länder. In ſeinem ganzen gegenwärtigen Umfang beſizt es vielleicht keine
Provinz von dieſem Werth. Es gewinnt
durch dieſe Acquiſition drei neue Stimmen
auf dem Reichstag. Es wird in einem
zweiten Reichskreiſe Beherrſcher. Und der
preußiſche Adler kan nunmehr ſeine Fittiche
vom karpathiſchen Gebirge bis an den Fich-
telberg ausdehnen.

Ich

Ich will durchaus nicht behaubten, daß
das Land unter der bisherigen Regierung
minder glüklich war. Allein es ist Thatsache,
daß der brandenburgische Unterthan verhält»
nißmäsig einer der gesegnetsten in Deutsch»
land ist. Man ist schon um so glüklicher, je
größer und mächtiger der Potentat ist, dem
man angehört, und je mehr man vor den
kleinern Nekkereyen der Justiz, der Finanz,
und ihrer Beamten gesichert ist. Allein
außerdem gewinnt jedes mindermächtige Land
durch die Vereinigung mit einem größern
in der Ausdehnung seines Marks, in der
Eröfnung neuer Handlungswege, in der
Verwerthung seiner Produkten rc. rc. Un»
endlich andere Vortheile nicht zu rechnen,
die man von einer so räsonirten Staats»
verwaltung, wie die preußische ist, zu hof»
fen hat.

Ah! Der Weltbürger und Menschen»
freund wird hierunter für keinen der gering»
sten zählen, daß der infame Menschenhandel
abnimmt. Von nun an, meine werthen
Nachbarn, habt ihr nimmer zu fürchten, daß
man

man euch nach Amerika oder Sibirien verkauft, um euch für Händel zu verbluthen,
die euch so wenig angehn als den Mann im
Monde.   Man wird euch nicht mehr aus-
heben, aufpressen, nothzüchtigen, um, wie
Marktviehe, für baares Geld verkauft zu
werden.   Ihr werdet die Negern in Guinea
nicht mehr um ihr Schiksal beneiden dörfen,
mit deren Freiheit zwar die Barbarn, ihre
Landesherrn, spielen, aber mit deren Leben
doch nicht.

Wie: man tadelt den Marggrafen —
der alle diese Züge im Licht seiner Philosophie
ohne Zweifel einsah — daß er sich von der
Regirung entfernt hat? Was könnte wohl
ein Regent in unsern Tagen, da das Hand-
werk so sauer und so undankbar worden ist;
da wir es den Kronträgern so schwehr machen, ruhig zu schlafen — was könnte ein
wohlberathener Regent Besseres thun?

Oder wäre er nicht eben so gut berech-
tigt, nach Ruhe und Glük zu schmachten,
wie jeder Privatmann. Er hat seine Pflicht
erfüllt,

erfüllt, wenn er ein durch seine Regirung
gesegnetes Land in kluge und wohlthätige
Hände übergiebt.

Ja, wenn man so viel zum Besten des
Publikums gethan hat wie Carl=Alexander,
so ist man, deucht mich, befugt, an sich Selbst
zu denken. Und das schöne Loos Glükliche
zu machen, welches die einzige beneidens=
werthe Seite am Fürstenstand ist, wird vom
Reize der Freiheit übertroffen.

Harle/

Harlekin Akademiker und Sprecher.

„Die Leute sind nicht klug, ist eine alte
    Sage,
Und nicht der Weisen nur, sogar der Narren
    Klage.
Von Trismegist zu Salomon,
Vom Spötter Lucian zu Gerhard Gehardson,
(Erasmus sonst genannt) ist Alles voll davon.
Akademien und Lyceen
Beweisen es zum Greifen und zum Sehen
In Doudez, in Quart, in Folio.
Man hört nichts Anders. — Gut: ihr Nar-
    ren, ist Dem so.
— Wie denn nach Markus Cicero
Consensus gentium die Sache klar beweiset.—
Was schad't es, wenn ein Narr den andern
    Narr'n belacht.„

          Wieland.

  Einst wohnte ich zu Paris einem Haubt-
spaß bei. Er ist mir unvergeßlich.

            Die

Die französische Akademie hielt eine Aufnahm. Es war, wo ich mich nicht irre, jene des Marschall Duc de Duras. Kurz, es war eine der superbsten ihrer Feten. Eine Menge Nimfen von Paris garnirten die Scene. Der Vorgrund war vom höchsten Adel und von der brillianteſten Litteratur beſezt. Hier flinkerte und ſchimmerte Alles. Nie entſprach einer Verſammlung ſchöner Geiſter ihre Dekoration mehr, als dißmal.

Um nun dieſe Fete von der Canaille nicht entweihen zu laſſen — ſo drükte ſich der Sekretär beſcheidentlich von den übrigen Gelehrten aus, die im Vorſaal ſchmachteten — ſo ſchloß man die Thüren ab, und pflanzte zween handfeſte Appenzeller davor.

Dies erregte allgemeines Mißvergnügen unter der Verſammlung, wovon auch Ich zu ſeyn die Ehre hatte. Man machte laute, und zum Theil ziemlich naife, Anmerkungen über dieſe neue Polizei. Endlich fieng ein Gelehrter, ich glaube es war Herr Linguet, an: Wozu ſollen wir uns ärgern, meine Herren!

ren! Können wir nicht so gut Akademie
halten wie Andere? Der Plaz invitirt uns.
Ich verpflichte mich, Sie zu entlangweilen,
wenn Sie mir die Erlaubniß gönnen.

Nun stieg er auf einen Stuhl, und hielt
aus dem Stegreif eine Lobrede auf das
Pferd des Caligula. Mein Tag habe ich
Mehr nicht lachen sehen. Es war ein Meisterstük von Sarkasmen, Portraiten, Epi-
grammen: mit einem Wort, die pikanteste
Parodie auf den Akt im Innern.

Das unaufhörliche Klatschen und Lachen
drang bis in den Saal, und störte die
Handlung der Illustren. Hierüber kam der
Sekretär sehr entrüstet heraus und wollte
sich unnüz machen: man lachte. Er drohte
mit der Wache: man lachte noch mehr. Izt
spie er ein Paar Flüche über uns weg, und
zog sich zurük.

Unsere Akademie ließ sich nicht irre machen: mit ununterbrochenem Lachen und
Klatschen sezte sie sich in der besten Regel
fort.

fort. Ein klügeres Mitglied innerhalb gab den Rath, daß man den Saal öfnen sollte, um uns schweigen zu machen. Nun war's zu spat. Niemand verlangte mehr einzutretten.

So oft ich nun lese, daß der Jakobinerklubb genau nach der Form der Nationalversammlung arbeite, daß er seinen Präsidenten, seine Tribune, seinen Sprecher und seine Tagsordnung habe: so fällt mir immer unsere Akademie ein.

Voltaire.

—— lectio repetita placebit.

Einſt war eine Zeit, wo der menſchliche Geiſt ausgeſtorben zu ſeyn ſchien. Die eine Hälfte der Erde beſtund in kleinen Tirannen, die einen Vogel auf der Fauſt trugen; die andere in langbärtigen Schulfüchſen, die über Nichtſe diſputirten. Der Reſt der Welt war Viehe, welches Heu fras.

Dies war jener lange Zeitraum vom IVten bis ins XVte Jahrhundert. Am Ende dieſes Jahrhunderts fieng man an, zu vermuthen, daß man dumm ſei, und daß man Licht nöthig habe.

Die wenigen Köpfe, ſo während dieſem Zeitraum auflebten, einige Araber, ein Dante, ein Pomponaz, Petrarch, Arretin, Boccas ꝛc. machen eine allzugeringe Anzahl aus,

um

um ihrem Jahrhundert eine Ausnahm bei-
zulegen.

Fürwahr, das Lehrgebäude der Vernunft
ruhte auf schwachen Gründen. Die Astro-
nomie verschwendete ihre Zeit mit der unnü-
zen Bemühung, ihre Beobachtungen auf Ho-
roskope und Weissagungen anzuwenden. Die
Chymisten liefen nach dem Stein der Weisen. Die Medizin heilte durch Simpathie.
Die Rechtswissenschaft behalf sich mit Tra-
ditionen. Man glaubte an die Menschen
mit Hundeköpfen, an Basilisken, die mit
ihrem Blik tödten, an die Nationen mit
Pferdeschwänzen, an die Kobolte. Durch
das ganze Reich der menschlichen Vernunft
herrschte ein Stillstand, welcher einen grossen Schlag zu prophezeyen schien.

Dieser Schlag ereignete sich. In der
Mitte des fünfzehnten Jahrhunderts wurde
der Weg um das Vorgebirge der guten Hofnung entdekt. Eine Begebenheit, welche die
Grundfläche der Erde veränderte.

Von

Von nun an begann man zu ſtrauchlen, wo man ſich befände. Die Einſichten, die Sitten, die Künſte erwachten. Die Menſchen fiengen an zu empfinden, wer ſie wären, und ſie ſeyn könnten. Dieſer Zeitpunkt iſt unſtreitig der gröſte und wichtigſte in der Geſchichte des menſchlichen Geiſts.

Indeſſen war man noch weit vom Ziel entfernt. Durch die neuen Entdekungen hatten zwar die Erd- und Menſchenkunde gewonnen. In den übrigen Fächern der Philoſophie aber blieb es noch ſtokfinſter. Die Naturlehre und Vernunftkunſt — welche ohne Hilfe der Geometrie immer ausſchweifen — beruhten auf ſcholaſtiſchem Geſchwäz durchwäſſert von den Hirngeſpenſten des Plato und Ariſtots. Dieſem Schnikſchnak gab man den Nahmen Metaphyſik.

So war ungefähr der Zuſtand der Wiſſenſchaften in der Mitte des XVten bis ins XVIIte Jahrhundert. Am Ende dieſes Jahrhunderts fiengen die Menſchen durchaus an,

zu

zu wollen und zu denken. Das Licht brach
mit Macht durch die Finsternis.

In der That, sie war gros. Umsonst
entstand ein Leibniz, ein Locke, ein Descar-
tes rc. rc. — Vielleicht zählte die Welt Ein —
bis Zweihundert Männer binnen dieser Zeit,
die sich über ihr Jahrhundert erhuben. Aber
wie war's im Großen. Eine glänzende Fabel, die durch Gewonheit zum Lehrsaz ge-
worden war, regirte den menschlichen Er-
kenntniskreis ganz. Von einer Million Ge-
schäftträger unterstüzt, hatte sich diese Fabel
alle Linien der Wissenschaften unterworfen,
und sich in alle Richtungen des Verstands
gemischt. Mit dem Flammenzepter in der
einen, und der Ablaßbulle in der andern
Hand beherrschte sie despotisch den Erdkreis;
indem ihre Spiesknechte um Nichts so sehr
sich bemühten, als die Fenster zu vermauren, wodurch das Licht einbrechen könnte.

Hier konnte die kleine Anzahl der Weisen,
welche die Erde besaß, mehr nicht thun, als
sich verbergen. Sie war zu schwach, um

sich

sich dem Strohm entgegen zu werfen, die
Rechte der Vernunft und der Menschheit zu
vertheidigen. Das Talent, welches ihnen
der Himmel anvertraut hatte, war ein hei-
liges Feur, das nur auf ihren Hausaltären,
in den Winkeln ihrer Wohnungen, brannte.
Daher war die Mittheilung zwischen den
Gelehrten und dem Publikum sehr gering;
daher sind die besten Werke der damaligen
Zeit in todten Sprachen abgefaßt.

Wie, wenn ein flammender Drach am
Horizont vorüberfährt, und sich Alte und
Junge tukken: so verbarg man sich zitternd
vor dem Ungeheur Religion *). Nicht so
schnell schießt der feurige Bliz, noch ein
brausender Waldstrohm, als diese Furie, ein
Wesen mit aus dem Rachen hangender Zun-
ge, Gifte dampfenden Augen, und bluttrie-
fendem Schweif, unbeschreiblich gräßlich,
zum Elend der Menschen erschaffen, die Erde
durchzog, und auf seiner Bahn ringsum Lei-
chen, Scheiterhaufen und Henkersräder ver-
breitete.

Da,

*) Dies war sie — damals.

Da, wo das Ungeheur vorbeifuhr, entwichen blaſſe Schatten, und die erſchrokenen
Sterblichen bebten vor ſeinem Anblik. Die
Vernunft verkroch ſich. Der Weiſe ver-
ſtummte. Der unglükliche Pöbel, ein Spiel-
ball zwiſchen Himmel und Hölle, blieb betrogen, beraubt, zertretten.

Dies war der Geiſt der Zeit, als die
Vorſehung ein Genie hervorrief, das mit
den auſſerordentlichſten Vorzügen des Kopfs
und des Glüks alle Seelenſtärke verband,
ſeinem Jahrhundert einen Umſchwung zu geben. Er hob die Welt aus ihrer Achſe,
und ſtellte ſie auf den Plaz wo ſie gegenwärtig ſteht.

Niemals hat die Geſchichte einen größern
Nahmen beſeſſen. Als Menſch, als Bürger,
als Philoſoph betrachtet iſt Voltaire das
privilegirteſte und wohlthätigſte Genie aller
Zeiten. Er iſts, dem die Vernunft ihre
Rechte, die Menſchen ihre Freiheit, und die
Staaten ihre Logik zu danken haben. Fragt,
wer in unſern Tagen der Lehrer der Fürſten,

L 4　　　　　der

der Gesezgeber der Künste, und der Theolog
des menschlichen Geschlechts sei.

Gewiß, wäre der Herr von Voltaire
Nichts als Schriftsteller; besäß er sonst kein
Verdienst, als daß er seine Zeitverwandten
durch reizvolle Schriften eben so sehr er-
bauet, als belustigt hat: so möchte er immer im großen Haufen bleiben. — Aber
Original seyn, einer ganzen Welt den Ton
geben, aus dem Nichts erschaffen, verschö-
nern, an alle Nationen mit Beifall reden,
Freund der Könige, Beschüzer der Menschen,
Gesezgeber Europens seyn, jede Bahn des
Geists siegreich betretten, eine neue Vernunft stiften, das Orakel der Musen werden — sind Züge, die einen ausserordentli-
chen Sterblichen zeichnen. Künftige Jahr-
hunderte werden's erkennen, und ihre Existenz von Voltaire datiren.

Ja, mocquirt euch über die Ehre, welche
die Nachwelt seiner Asche beweist; schimpft
auf seine Vergötterung; aber weist uns den
Mann, dem die Menschheit so viel zu danken

ken hat; der sein ganzes Leben damit zubrachte, der Wahrheit zu opfern, die Vorurtheile zu verfolgen, die Natur zu vertheidigen und der Welt wohlzuthun.

Er ists, welcher die Leibeigenschaft ab-
schafte und die Frohndienste erleichterte;
welcher die Scheiterhaufen der Inquisition
auslöschte, und den Ton zur Toleranz gab.
Seinen Bemühungen ist man die Preßfrei-
heit, die Inoculation, die Nationalgesetz-
gebung, die Verbesserung der Spitäler und
des Kriminalkodex, die Verbannung der
Tortur und die Aufhebung der geistlichen
Mastställe schuldig.

Weist uns, ich beschwöre euch, den
Mann, der die größten Leute seines Jahrhunderts, Friederich II, Ganganelli, Katha-
rina II, Franklin, Stanislaw August, d'A-
lembert ꝛc. ꝛc. zu Busenfreunden hatte; dessen Bild in jedem gesitteten Hause ist, und
ohne dessen Werk sich keine Bibliothek nennen darf.

L 5 Wie

Wie ſtund's um jenes große Gemälde,
woraus die Nachwelt, indem ſie es betrachtet, die Farben der vergangenen Zeit, ihren
gegenwärtigen Unterricht und das Urtheil
vom Künftigen ziehen ſoll. Ein Miſchmaſch
verjährter Irrthümer, angeerbter Fabeln,
fortgepflanzter Träume und Ungeheure der
Einbildungskraft: dies war's, was ſich
Hiſtorie nannte. Aus dieſem unermeßlichen
Teiche von Lügen und Thorheiten zog das
menſchliche Geſchlecht ſeit zweitauſend Jahren ſeine Lehre, die Könige ihr Muſter, die
Völker ihre Grundſäze. Voltaire kommt;
und die Geſchichte ändert ihre Phyſionomie.
Er lehrt, wie man Menſchenverſtand von
Unſinn unterſcheiden, wie man einen Roman
ſchön, und eine Geſchichte lehrreich ſchreiben
müſſe *).

Seit-

---

*) Durch die Philosophie de l'histoire, wozu er
vierzehn Jahre zuvor im Essai sur l'histoire
generale de l'esprit et des moeurs des nations
das Muſter gegeben hatte, ſtiftete er eine
neue Epoke und eine neue Sekte in der Ge-
ſchichtskunde.

Seitdem ſind die Sachen an ihren wahren
Plaz geſtellt. Man weis, wie man die Geſchichte leſen, wie man dem Laſter den falſchen
Glanz der Tugend abziehen ſoll. Das In-
tereſſe der Menſchheit iſt gerettet. Tirannen
zittern vor dem Gänſekiel und Völker lernen
ihre Rechte kennen.

Und die Moral? Dieſer allgemeine Innbegrif unſerer Pflichten war äuſſerſt verwirrt.
Man hatte die einfachen Lehrſäze der So-
krate und der Con - Fu - Tſe mit den Träumen des Plato und dem Kanon der Kirche
vermengt. Eigentlich verſtand man ſich ſelbſt
nicht. Die Moral war ſo weit von ihrem
Ziel entfernt, daß ſie keine einzige von den
ihr zuſtändigen Wirkungen hervorgebracht
hatte. Weder in der Rechtskunde, noch in
der Dekonomie, noch in der Polizei empfand
man ihren Einfluß. Sie war ein todter Kloz
in die Mitte der Menſchen geworfen. Vergebens bemühten ſich einige wahre Weltwei-
ſen, Clarke, Bayle, Locke, Paskal, Pope,
Thomaſius ꝛc. ihm Leben und Bewegung ein-
zuhauchen; das Stimmwerkzeug fehlte ihm.
Vol-

Voltaire erscheint. Er erfindet das Geheim-
niß, diesen Kloz zu organisiren. Er läßt die
Moral auf eine leichte, offene und einneh-
mende Art reden. Er kleidet sie in Román-
chen, in Verse, in alle Gestalten, die sie
liebenswürdig, gesprächig, anziehend machen
können. Nun entwikelt sie sich. So wird
eine Raupe zum Sommervogel. Plözzlich
fängt sie an, in allen Sprachen, und in
allen Werken an die Menschen zu reden. Sie
bemeistert sich aller Zweige der menschlichen
Geschäfte, das ist — ihres natürlichen Krei-
ses. Sie beseelt den Pinsel des Mahlers,
den Meisel des Bildhauers, die Laute des
Dichters, die Feder des Tonsezers. Unter
ihrem holden Einfluß entspringen das gerei-
nigte Schauspiel, die Aufklärung der Geseze,
die politische Haushaltungskunst, die Mässi-
gung der Kriege, das Recht der Natur und
des Menschen, und die bürgerliche Freiheit.

So blieb kein Zweig der öfentlichen Vernunft und des menschlichen Wohls außer dem
Wirkungskreise dieses sublimen Genie. Von
dem erhabensten Lehrsaz eines Newtons und
dem

dem tiefſinnigſten eines Montesquieu ſchwang
er ſich mit gleicher Gewandſamkeit auf ein
Trinklied oder ein Epigramm herab; in beiden lehrreich, in beiden hinreißend. Mit
Einem Wort: es giebt keinen Sterblichen
in der Geſchichte der Menſchheit, der ſein
Jahrhundert ſo unumſchränkt beherrſchte,
dem zu Gefallen der Menſchenverſtand ſeine
gewöhnliche Bahn ſo oft verändert hat.

Merkt's euch, die ihr an dem Leichenzug, wodurch ihn ſein Jahrhundert ver-
ewigte, blind worden ſeid!

Autor=

Autorandacht.

Ich bin nicht wie andere Schriftsteller. Ich beschwehre mich nicht, daß des Rezensirens zu Viel wäre. Wenn ich lese, daß die allgemeine teutsche Litteraturzeitung 346 Arbeiter hat: so lege ich gerührt die Hand auf die Brust: — den Göttern sei Dank, rufe ich, daß es Dreihundert sechs und vierzig Köpfe im Vaterland giebt, die mehr werth sind, als der deinige!

Freilich fällt mir zuweilen bei: Wie? für ein Couplet von Chaulieu, für eine Romanze von Wieland, für eine Fabel von la Fontaine, für ein Gemählde von Robertson sollten sich vielleicht kaum einer bis zween Köpfe finden; aber die Rezensionen machen sich nach der Elle!

Diese Betrachtung stürzt mich alsdenn in Nachdenken. Ich bedaure, daß ich den erha-

erhabenen Beruf die Meisterstüke des menschlichen Geists zu beurtheilen zum Keßlerhand-
werk herabgewürdigt sehe. Sollten sich, so
spreche ich sofort zu mir selber, diese Leute
einbilden, daß man den unermeßlichen Raum
zwischen dem Talent und seinem Richter durch
Gemeinpläze ausfüllen könne?

An

An

Seine Exzellenz

Den erlauchten Scandir-Beg,

Pascha von Kahira.

Wie vergnügt mich's, daß Ihr Schiff
endlich in Hafen eingelaufen ist. Beim
Barth des großen Propheten! ich nehme
unendlichen Antheil an Ihrer Zufriedenheit.
Nunmehr können Sie die schönen Ideen alle
realisiren, die Ihr großes und empfindsa-
mes Herz beschäftigten *).

Ich bewundere Sie; Sie konnten keine
bessere Parthie treffen. Wenn man sich müde

---

*) Der Pascha von Kahira — einst Graf Alex-
ander Gersdorf — erwies mir die Ehre,
mich in meiner Klause heimzusuchen, und mir
seine Freundschaft zu schenken. So lernte
ich ihn kennen; und zwar als einen raren
und

de gereist, wenn man die Welt von allen
Flächen betrachtet hat, wenn man Gutes
und Böses unterscheiden gelernt, wie klug
ist's alsdenn, sich auf eine Sofa sezen, und
ausruhen. Ihr Vorfahrer Bonneval pflegte
zu sagen, das gröste Glük eines Sterblichen
wäre, immer Was zum Lachen zu haben,
und offenen Leibs seyn. Das Erstere haben
Sie nunmehr im Ueberfluß, und das Zweite
wünsche ich Ihnen wenigstens.

Eins müssen Sie mir erlauben — Sie
kennen meine christliche Wuth — — Doch,
ich verschone Sie; ich respectire ihre Wahl.
Die theur erkaufte Seele! Was muß es
nicht Ihre Delikatesse gekostet haben.

Allein
und seinen Karakter. Er hat viele Freunde
in Europa, daß er mehr als Einmal durch-
reiste. Vielleicht gelangt dieses Blatt einem
von ihnen in die Hände. Alsdenn bitte ich,
sich zu erinnern, was der Graf so gern zu
sagen pflegte: die Launen eines Freundes
müssen mehr nicht beleidigen als ein
Liebesbrief.

II. Bändchen.   M

Allein — glüklicher Renegat! Wenn
man sich für ein Bisgen überflüßige Haut
die Freuden eines Serail erkaufen kan, so
ist der Tausch beneidenswerth. Ich will
Sie also nicht schikaniren. Der Weise mus
wenigstens die Freiheit haben, Herr von
seinem Loos zu seyn. In der That, die
Wahrheit besteht darinn, eine gute Tafel
besizen, und des Abends mit einem Blond-
chen zu Bette gehen.

Ja, Graf:

Il faut la nuit tenir entre deux draps
Le tendre objet que notre coeur adore,
Le caresser, s'endormir dans ses bras,
Et le matin recommencer encore.

Dies ist die Religion der Klugen. Von
den Vorurtheilen der Erziehung und den
Gemeinplätzen des großen Haufen losgeris-
sen nur der Stimme der Natur folgen, ihren sanften Gesezzen huldigen, sich weder
das unschuldig vergossene Blut seines Näch-
sten vorzuwerfen haben, noch den Raub
der Wittwe oder des Waisen, mitten auf
dem

dem Thron des Despotism Mensch seyn: so
muß, däucht mich, ein Pascha denken.

Ainsi l'on peut passer avec tranquillité
Les ans que nous départ l'aveugle destinée,
Et goûter sagement la molle oisiveté
D'une paresse raisonnée.

Sie fragen mich, womit Sie mir Vergnügen machen könnten? Ich danke Ihnen
unendlich. Bei Gott! ich wüßte nicht, was
ich mir aus Ihren Schäzen wünschen möchte, einige Schläuche persischen Wein, oder
eine junge Zirkaßin. Das Erste würde mir
ohne Zweifel zuträglich seyn, um meine
Freunde zu bewirthen; aber ob ich das Andere zu bewirthen wüßte? Doch, vielleicht
gehört Beides zusamm. Die Alten opfer-
ten dem Gott zu Elis, bevor sie sich dem
Altar der Venus aux belles fesses näherten.

Möchten Ihre Tage aus Gold und Sei-
be gesponnen seyn! Dies wünscht Ihnen
der verbindlichste Ihrer Diener. Ich habe
Röschen Ihr Billiet gewiesen. Sie weint.

Ich

Ich tröste sie damit, daß Ihre Fatimen,
und Zephiren und Roxanen unmöglich so
reizend seyn könnten, wie sie; und daß sie
die schönste Gelegenheit hätte, Sultane zu
werden, wenn Sie wollte.

Traun! Nunmehr könnten Sie den
wichtigen Streit entscheiden, Graf, welcher
unsere Soupers in Europa beschäftigt, ob
die asiatischen Schönen reizender seyen als
die europäischen. Wir haben die Gregoria‐
nerin gesehen, welche Freund Baltimore mit
sich führte. Ihre großen schwarzen Augen
abgezogen, wüßte ich nicht, was sie anzie‐
hend machte; und doch bezahlte sie der Lord
auf dem Markte zu Baktschisarai für 10000
Piaster.

Allein lassen wir die Mädchen weinen:
sie finden immer Einen, der ihnen die Thrä‐
nen abwischt.

Toi, qui toujours confiant, naturel,
Malgré les lieux, où tu pris la naissance;
N'a point sucé dans le lait maternel
Ce triste abus, qui fletrit l'innocence;
Apprends‐

Apprends - moi quel heureux secours
D'une si maligne influence
A jusqu' ici sauvé tes jours.
Si tu fus sage en ta jeunesse
Parmi l'éclat et les grandeurs,
Avec une egale sagesse
On te vit, Pacha, sans bassesse
Meprifer les appas trompeurs
De cette volage déesse,
Qui sembla t'offrir ses faveurs
Et tu vis sage en ta vieillesse.

Das laſſe Ihnen nun Gott und ſein Pro⸗
phet gedeihen. Wenn das flüchtige Glük,
deſſen Küſſe eben ſo falſch ſind, wie die der
Röschen und der Fatimen, Ihnen einen ſei⸗
ner Tüke weiſen, und von Ihnen weg zu
einem Unwürdigern fliehen will; dann, Pa⸗
ſcha, werfen Sie ſich in Ihre Philoſophie,
ſchauen Sie die Schnur unerſchroken an,
und flößen Sie durch Ihren Heldenmuth
der Welt Ehrfurcht vor der Ungerechtigkeit
Ihres Schikſals ein.

Ich verzweifle nicht, einſt an Ihrer
Seite mit Horaz'n und Vater Abraham ei⸗

M 3   ne

ne Schaale Austern mit Cypernwein im Paradies zu speisen. Sammlen Sie inzwischen die Rosen desselben, und lassen Sie
den Weg damit durch eine Ihrer Hurris
bestreuen.

Cle.

Clemens, der vierzehnte,
im Elisium.

Personen.

Sixt V.   Gräfin Mathild.
Gregor VII.   Clemens XIV.

Die Scene
ist in einem Garten an den Ufern
des Phlegeton.

Erster Aufzug.
Sixt V. und Clemens XIV.

S. **W**ißt Frembling, daß es Pabst Sixt V.
ist, der mit euch spricht!

C. Ich bin darüber entzükt; denn ich bin
in diesem Lande fremd, und habe Schuz
nötig.

M 4

nötig. Geruhen Sie also zu erlauben, heiligster Vater, daß ich Sie um den Ihrigen bitte.

S. Pabst Ganganelli: Sie bleiben der alte Spötter. Hüten Sie sich. Wir sind hier nicht im Vatican. Schauen Sie hinter sich: Eure Werke folgen euch nach. Dies, Pabst, sind Ihre Beschützer — oder Ihre Feinde. Allein die Zeit ist in der Ewigkeit kostbar; lassen Sie uns solche nicht verlieren. Pabst Ganganelli, schauen Sie mir in's Gesicht.

C. So lang Sie wollen.

S. Ist's wahr, daß Ihre Hofschranzen Sie mit einem Manne vergleichen, welchen die Geschichte Sixt den großen genannt haben würde, wäre seine Regirung nicht in die Zeit Henrich's IV. und Elisabeth'ns gefallen?

C. Dies ist mir unbekannt.

S. In

S. Inzwischen scheint's so. Diesen Augenblik komme ich aus einer Gesellschaft von Päbsten und Königen, wo man ihre Leichenrede verlas.

C. Um Vergebung, mein Bruder: ich wuste nicht, daß die Schmeichelei den Großen übers Grab nachfolgt; gewöhnlicherweis verläßt sie solche, sobald sie nichts mehr von ihnen zu hoffen hat.

S. Eine große Bemerkung! Sie wäre würdig, Ihnen Nachsicht zu erwerben; aber vernehmen Sie, was ich in der geheimen Kanzlei des Schiksals von Ihnen erfuhr.

C. Ah! Zur Gnade! Belehren Sie mich, Bruder: ob ich wenigstens mit einem blauen Auge durchs Fegfeur kommen werde.

S. Es war eine Menge Menschen da. Alle wetteiferten, Ihre Lobrede zu halten: Alle freuten sich auf Ihre Bekanntschaft. Was mich aber empörte, ist, daß eine gewisse verdächtige Sekte, die seit meinem Tode

M 5   ent-

entstand, und die sich Philosophen nennt, mit solcher Begeisterung von Ihnen sprach, als hätten Sie ihr zugehört. Ja einer von ihnen trieb die Unverschämtheit so weit, laut zu sagen: „Peretti und Ganganelli! Welche Aehnlichkeit! Beide waren Bettel- mönche; Beide wurden Päbste; Beide re- girten einen gleichen Zeitraum — — — —,, Ich erröthe, das Gemälde fortzusezen. Bevor ich Ihnen die Rathschlüsse des Schiksals eröfne, sagen Sie mir, Pabst Ganganelli, sollte Sie der Ehrgeiz so sehr verblinden, sich mit mir in Vergleichung zu sezen?

C. — Ihnen aufrichtig zu gestehen: ich halte uns zween für incommensurable Ge- genstände.

S. Das will vermuthlich sagen, daß jeder von uns sein Verdienst für sich habe? Sehr wohl. Inzwischen erlauben Sie mir, um Ihre Eitelkeit zu demütigen, Ihnen einige Züge meines Karakters an- zuführen. Ich will Nichts von Wissen- schaften,

schaften, von Einsichten, von Theologie
und hundert andern Miseeren von dieser
Art reden. Ueber diese Kleinigkeiten sind
Päbste weg. Und, wenn Sie wollen, so
lasse ich Ihnen hierinn gern den Rang.
Aber fürs Erste: aus dem niedrigsten
Staub, worinn ein Geschöpf kriechen kan,
von dem Stand eines Franziskanerbruders,
sich auf die höchste Stufe der menschlichen
Größe schwingen!

C. Es ist wahr, in diesem Punkt hatte ich
Etwas vor Ihnen zum Gewinn: ich war
ein Edelmann von Geburt. Aber wenn
Sie erlaubten — — —

S. Sprechet: ich befehle es, als euer Ael-
terer.

C. So würde ich behaubten, daß zween
Bettelmönche im Durchschnitt genommen,
ihrer Natur nach gleich weit vom Thron
entfernt sind, und daß es also Felix Peretti'n, dem Schweinhüter, nicht schwehrer war, sich darauf zu schwingen, als
Lorenz

Lorenz Ganganelli'n, dem Sohn eines
Arzts. Bei unendlichen Distanzen ändert
ein Schritt mehr oder weniger am Kalkul
Nichts.

S. Die Modesprache hat Sie, wie ich
sehe, angesteckt, Confrater. Sie werfen
mit geometrischen und kunstgerechten Ausdrüken um sich. Inkommensurabel —
Distanz — Kalkul! Diese schönen Worte
kannte ich nie; dafür war ich aber der
feinste politische Fuchs meines Zeitalters.
Beweiß: die Kunst, womit ich mich auf
den Stuhl des heiligen Peter schwang.
In diesem Stük werden Sie mir doch
wol den Vorzug lassen?

C. Von Herzen gern, wenn es ein Vorzug
ist, den Fischerring vielmehr wegzuschnap-
pen, als — ihn verdienen. Sie, mein
Bruder, machten sich zum Pabst, indem
sie sich verstellten: Ich — wurde es,
indem ich mich blos gab. Sie drangen
sich auf: Mich wählte man. Sehet da
unser Verhältnis.

S. Ich

S. Ich habe noch ganz andere Dinge auf dem Nagel. Aber ich sehe da einen Schatten kommen, der mir verhaßt ist. Es ist Gregor VII. Wir vertragen uns nicht miteinander. Unsere unaufhörliche Zänkereien beunruhigen das Reich der Geister. Lassen Sie mich beiseitgehen, bis es vorüber ist. Ich werde indeß mein Brevier bethen.

Gregor VII. Mathild.

S. Ich weis nicht, wie Sie mir vorkommen, meine Tochter. Sie sind völlig ausgewechselt. Ihr Eigensinn ist unheilbar. Vergebens sagt man ihnen, daß dieser Ankömmling ein äußerst gefährliches Wesen ist. Diese kluge Vorstellung vermag bei Ihnen Nichts. Sie wollen ihn nun sehen; Sie wollen sich mit ihm unterhalten: was auch daraus entstehen mag. So sind die Weiber. Unglüklicher Vorwiz! Wir würden wohl daran thun, umzuwenden.

M. Nicht

M. Nicht doch, heiliger Vater! Sie treiben die Tirannei ein wenig zu weit. Was wäre es denn, sich einen Augenblik mit einem Pabst unterhalten, der die Bulle In Coena domini abgeschaft hat; wäre es auch nur für die Neugierd. Alle Welt sucht ihn zu sprechen, und mit ihm Bekanntschaft zu machen: warum nicht Wir? Was hätte ich in Ihrer Gegenwart zu fürchten! Oder Sie? Aber bedenken Sie, heiliger Vater, daß Ihre Lehren diesem unglüklichen Pabst vielleicht nüzzlich seyn können, um ihn gegen das Urtheil der Ewigkeit, dem er entgegen geht, zu wafnen. Hier ist er schon.

Gregor VII. Mathild. Clemens XIV.

C. Wer mag das kleine Männchen da seyn. Es macht eine sehr trozzige Miene. Vielleicht ist es der Vormünder, oder gar der Hanrey des artigen Frauenzimmers, die er am Arm hat; denn mir scheint, er habre

habre mit ihr. Reden wir sie 'mal an.
Gelobt sei Jesus Christus, mein Herr!

G. In Ewigkeit.

C. Hem! Er ist troken. — Ich küsse Ihnen die Hand, Madame.

G. Wenn Ich bei ihr bin: so spricht man
mit Mir.

C. Das wuste ich nun nicht. Vergeben Sie.

M. Auch hatten Sie Ursach, hierinn fremd
zu seyn; denn ich bin kein Kind mehr.
Wenn es nötig ist: so kan ich selbst antworten Seyn Sie also willkomm, edler
Fremdling.

C. Madam, Sie sind sehr gütig. Ich be-
zeuge Ihnen meine Verehrung.

M. Ich nehme sie an, und ich schmeichle
mir, Ihre Heiligkeit hier werden Nichts
entgegen haben.

                              C. Ihre

C. Ihre Heiligkeit?!

M. Ja, mein Herr — Gregoir VII, der berühmte Hildebrand.

C. Und Gräfin Mathild? — Nun wundert mich's nimmer, mein Bruder, daß Sie mich so kalt aufnahmen. In der That, die Art, wie ich mich präsentirte, schikt sich weder für Ihre Würde, noch Ihren Ruhm.

G. Dies ists nicht, was mich beleidigt. Es steht mir nicht an der Stirne geschrieben, daß ich das Oberhaupt der Kirche, und der Grosfürst der Welt war. Was mich kränkt, ist, daß ich Sie sehen, und sprechen mus. — — Ganganelli! Schwacher und windschiefer Pabst! Du, der du all der Größe feyrlich abgesaßt hast, wozu ich den römischen Stuhl durch die Kraft meines Genie erhob; der du dich auf den Thrön des Apostels seztest, blos um ihn des Apostels seines ganzen Glanzes zu berauben; der du feigerweis das

das Schwerd Christi, welches ein Pabst immer entblößt vor sich hertragen laſſen ſoll, um die Sünder am Tage auszurotten, in die Scheide ſtekteſt — wagſt du, deine Augen vor mir aufzuheben? Entſeelt dich der Blik eines Mannes nicht, deſſen Werk du zerſtöhrt haſt? — Du lächelſt? Welche Frechheit!

M. Doucement, heiliger Vater! Erhizen Sie ſich nicht. Soll ich Ihnen Ihre Limoinade holen?

G. Und die Blizze des Himmels ſtraucheln, dieſen Elenden zu zerknirſchen! Wie: giebt's keinen Bannfluch mehr? Ah! Unglüklicher: ich ſehe, daß du alle erſchöpft haſt.

C. Wenn man Sie beleidigt, Pabſt Hildebrand, indem man bei ihren Invectiven kalt und ruhig bleibt: ſo werde ich Sie wol vom Anfang bis zum Ende unſerer Unterhaltung beleidigen. Meine Art iſt, mich nie zu erhizen, als wenn ich Unrecht

habe. Und da ich nicht den mindesten
Grund zu Ihrem schönen Zorn sehe: so
erlauben Sie, daß ich lächle.

M. Erlauben Sie vielmehr beiderseits, daß
ich diesen Eingang unterdrüke. — Ehr-
würdiger Ganganelli, wir haben Sie auf-
gesucht, Ich und der heilige Vater hier,
um aus Ihrem eigenen Munde zu vernehmen, was Sie bewog, sich so unpoli-
tisch und unbesonnen zu betragen, wie
man von Ihnen sagt, die herrlichen Muster, die Sie vor sich hatten, so leichtsin-
nig zu verlassen. Gestehen Sie, daß zwischen Gregor VII und Clemens XIV ein
unendlicher Kontrast ist. Wie kommt Dies,
nachdem Sie einerlei Beruf, einerlei Interesse, und — man sollte sagen dörfen —
einerlei GottesEifer haben sollten?

G. Antworten Sie hierauf gerade, fest und
ohne Rukhalt.

C. Madam: erstlich gebe ich Ihnen zu bedenken, daß wir nicht in einerlei Jahr-
hun-

hundert lebten. Zweitens gab uns die Natur entgegengeſezte Talente. Drittens hat ſich das Syſtem der Religion und der Kirche ſeit Ihren Zeiten unendlich verändert. Viertens hatte ich eine ganz andere Parthie vor mir, als meine Vorgänger: ſie ſtritten mit der Unwiſſenheit und Kraftloſigkeit; Ich mit der Aufklärung und Macht. Mit Einem Wort: zu ihrer Zeit herrſchte das Geſezz der Stärke, zu meiner jenes der Nothwendigkeit.

M. Horchen Sie auf, mein Vater!

G. Und mit dieſen heilloſen Ausflüchten denken Sie wegzukommen? Sie hatten mein Exempel vor ſich. Es konnte Ihnen für Alles dienen. — Jedoch, ich will Ihnen nicht vorwerfen, daß Sie es vergaßen: ſchwacher Kopf! es übertraf Ihre Kräfte. Aber Dies iſt unverzeihlich, daß Sie ſich unter die allergewöhnlichſten, allerverächtlichſten Päbſte erniedrigten; daß ſie dem Küzel der Monarchen, die Herrſchaft in ihren Häuſern einzuführen, ſkla-

viſch

visch schmeichelten; nicht genug: daß Sie jene theuren Maximen Roms, die Unabhängigkeit, die Unfehlbarkeit, die Alleinherrschaft, die Allgewalt verläugneten, und dem verhaßten Grundsaz der gallicanischen Kirche nachgaben. Verantworten Sie sich, wenn Sie können.

M. Sie hören es ja, Papa: wenn ich mich nicht irre: so behauptet Pabst Clemens, da Ihnen Beiden der Himmel über diese Gegenstände eine verschiedene Erleuchtung gegeben habe: so komme Alles auf den wahren Gesichtspunkt an, worein man die Sachen stellen müsse.

G. Welcher von uns wäre demnach im Irrthum? Etwan Gregor der große? Ein Ganganelli dörfte Dies sagen? Sprechen Sie.

C. Wenn Sie sich nicht für beleidigt halten.

G. O Vermessenheit! O Gotteslästerung! Zu Hilf, ihr Schatten Innocenz III, Niklas V,

klas V, Pauls IV! Sehet da einen Ver
wegenen, der sich klüger dünken will als
Gregor VII; der sich über den Stifter
der römischen Hoheit, über den Vater der
päbstlichen Gewalt erheben will!

M. Mais Papa: haben Sie Mitleiden mit
ihm. Es ist ein verirrtes Schaaf; aber
es verdient, daß Sie es zurechtweisen.
Versprechen Sie, Ganganelli, wenn wir
Sie überzeugen, daß Sie gefehlt haben,
daß Sie alsdenn einen öffentlichen Wider
ruf leisten wollen.

C. Bei meinem Eid!

M. Würdigen Sie dann, heiligster Vater,
die Augen dieses unglücklichen Blinden zu
salben, und die Wahrheit vor ihm leuch
ten zu lassen. Er flehet Sie darum an.

C. Jedoch einen Beding, Madam! Gesetzt
anstatt Meinerseits überzeugt zu werden
ereignete sich's, daß ich Seine Heiligkeit
umstimmte: hätte ich mir alsdenn auch
von ihm einen Widerruf zu schmeicheln?

N 3   **M.** Ru

M. Ruhig, Pabſt Clemens: dieſer Fall
wird nicht eintreffen.

G. Sezen Sie hinzu, mein Kind: wenn
es auch möglich wäre, daß er eintretten
könnte, ſo würde er niemals von Hildebrand einen Widerruf erwarten dörfen.
Die Sarrazenen konnten ſich gegen den
heiligen Ludwig wol verpflichten, Mahomet abzuſagen, wofern ſie ihren Eid brä-
chen; aber der König konnte ſich nicht
zum Gegentheil anheiſchig machen.

M. (ins Ohr zu Ganganelli.) Beſtehen Sie
nicht darauf; ich beſchwöre Sie: er würde uns ſonſt davon laufen. Tragen Sie
das Ihrige vor; und wenn die Wahrheit
auf Ihrer Seite iſt: ſo wird die Gnade
den Ausſchlag geben.

G. Wohlan: ſo gehen wir zur Sache. — —
Aber Wen ſehe ich dort aus der Allee auf
uns zu kommen? Die heilige Krükke!
Daß ich doch den Mann immer auf meinem Wege finden mus!

M. Laſ-

M. Laſſen Sie uns abtretten, heiliger Vater. Dieſe Erſcheinung ſtöhrt ihre Ruhe.
Auf Wiederſehn, Pabſt Ganganelli!

Gregor VII. Mathild. Clemens XIV. Sixt V.

S. Deo gratias!

G. Et ne nos inducas in tentationem.

(Er wirft einen wütenden Blik auf Sixt,
und geht mit der Gräfin ab.)

Ende
des erſten Aufzugs.

N 4

Die

Die Revolution in Frankreich *).

Vtes Kapitel.

3ter Abschnitt.

Man glaubt, mächtig viel Witz zu zeigen, wenn man sich über die Theilnehmung lustig macht, welche das schöne Geschlecht in Frankreich an der Revolution zeigt. Aber man irrt sich. Sie ist ein Werk der Natur, der Sitten, und selbst der gesezzgebenden Weisheit.

Alle Neuerungen, im Guten wie im Schlimmen, erwarteten ihren Erfolg vom Frauenzimmer. Und das scharfsinnige Alterthum wählte nicht umsonst für die Simbole der Tapferkeit, der Klugheit, des Fleißes weibliche Gottheiten. Diese Wahl gründete sich auf eine tiefe und langwührige Betrachtung der weiblichen Seele.

Nichts

*) Wird dem künftigen Schriftsteller dieses Werks anempfohlen.

Nichts ist fähiger, die Schwärmerei, den Ritterschaftsgeist, den Heldenmuth — Triebfedern, die bei gewissen Unternehmungen so wichtig und nothwendig sind — zu beseelen, als Weiberrath. Wo sollte man mehr Muth, Thätigkeit, Beharrlichkeit, eine schnellere Berechnung der Mittel, ein lebhafteres Gefühl vom Edlen vom Schiflichen finden, als in einer Frauenzimmerseele.

Beneidet also, ich bitte, das schöne Geschlecht in Frankreich nicht um das Verdienst, sich in die öfentlichen Angelegenheiten zu mischen. Es ist ein altes Gesezz, daß, bei keinen Nationen, das Frauenzimmer die Männer bildet. Die wichtigsten Staatsberathschlagungen zu Athen hielten sich beim Nachttische der Aspasien und der Leontium. Perikles und Alzibiad unterschrieben ihre Depeschen auf dem Schoße ihrer Mätressen. Und wer weis, wie viel die Staatsveränderung in Warschau dem Einfluß der pohlnischen Damen schuldig ist.

Töf=

Töffel und Marey.

Eine ächte Anecdote.

Ich habe immer die Zeiten bedauert, wo die Könige und Baronen selbst zu Gericht saßen. Damals müssen die Prozeße sehr kurz gewesen seyn. Und mancher schöne Aus, spruch, der dem Menschengefühl und der ge, sunden Vernunft Ehre machen würde, mag für Uns verloren seyn.

Die regirende Gräfin zu B— St— hält eine herrschaftliche Schäferei auf ihrem Gute zu K—. Unlängst giengen dem Schäfer, der sie weidet, zween der schönsten Schöpse ver, loren. Es ist nicht anderst möglich, es muß sie ein Dieb oder — welches eben so viel ist — ein Raubthier davon getragen haben.

Nun hätte Eins das Feur sehen sollen, worein der Stabsamtmann — gestrenger Herr genannt — hierüber verfiel. Der
Raub

Raub von Troja konnte unmöglich mehr
Aufsehn erregen. Er bemächtigte sich des
Kerls, und stekte ihn in Hundethurm.

Töffel war nur Knecht. Er sollte die
Schafe bezalen, und oben drein das Thurm-
geld und die Sporteln. Dazu reichte sein
armer Lohn nicht. Einige milde Seelen aus
der Gemeinde, von der guten Aufführung
Töffels gerührt, schlossen sich zusamm und
erbothen sich zur Bürgschaft für ihn.

Dies aber war dem Gestrengen nicht
anständig. Töffel sollte bei Wasser und
Brod faulen, bis das baare Geld da läge.

In diesen verzweifelten Umständen erscheint Marey, die Tochter eines benachbarten Bauren, aufm Schloße. Sie bittet um
einen Fußfall bei Ihro Exzellenz der Gräfin.
Sie gestehet, daß sie Töffels Liebschaft wäre.
Ihre Leute aber wollten es nicht zugeben,
daß sie einander heiratheten. Hierüber wäre
nun Töffel seit zwölf Wochen melancholisch.
Er äße und trinke Nichts. Er gieng in
Träu-

Träumen. Um Alles zu sagen: es wäre
nicht anderst möglich, als daß der Verlust
der Schafe eine Folge von der Sinnenab-
wesenheit sey, worein ihn seine unglükliche
Liebe gestürzt hätte. Sie trüge sich an,
wenn es der Herr Amtmann bei ihren Eltern ausbringen könne, so lang im Schloß-
garten zu arbeiten, bis die Strafe abver-
dient wäre.

Die Gräfin lächelte. Mit den Wirkungen des menschlichen Herzens vertraut und
gegen die Verirrung derselben, besonders in
einer rohen Seele, nachsichtsvoll wurde sie
von dem aufrichtigen Geständnis Marien's
gerührt. Sie zog den Kommentar der Natur und ihres erhabenen Herzens diesmal
dem Kanon der Karpzove und der Farina-
ziuse vor, und erlies dem Kerl die Strafe.

Man sagt, der Beamte soll hierüber sehr
erstaunt seyn. Er konnte nicht begreifen,
was die Philosophie mit dem Gerichtsstabe,
und vornehmlich mit dem Sportelsystem,
gemein hätte. Die Begnadigung des Schä-
fers

fers schien ihm ausser der Jurisprudenz,
und ausser der Amtspraxis zu seyn. Ja,
es verdroß ihn sehr, daß Marey ihr Geständnis nicht bei ihm ablegte, weil es
Stof zu einer neuen Fiskalstrafe gab.

Indessen erhielt der Entschluß der regi-
renden Gräfin von B— St— die Bewunderung der Philosophen, und den Beifall
aller wohlgebildeten Seelen.

Die

Die Entführung aus dem Serail.

Sehet da ein Stük, welches sein Glük
von nun an gemacht hat! Es ist's, welches
man heute zu Dischingen — dem schwäbi-
schen Marly — von der Erbprinzeßin und
ihrer Durchlauchtigsten Schwester, der re-
girenden Herzogin von Hildburghausen, aufführen sah.

Eine größere Ehre widerfuhr wohl dem
Theater nicht seit dem Jahrhundert Ludwig's
des Großen, und den Festen, womit sich
dieser König und sein Hof unterhielt. Hier
war's, wo man der Kunst von den Huld-
göttern opfern sah. Ja —

Nie sahe man die Tugenden und Grazien in
                einem schönern Bund:
Nie scherzte die Vernunft aus einem edlern
      Mund.

                          Man

Man muß den Taxischen Hof kennen —
einen der prächtigsten und wohlgebildetsten
in Deutschland — um sich einen Begrif von
diesem Schauspiel zu machen. Mehr davon
sagen, würde die Eifersucht der Welt erregen; es würde der öfentlichen Bühne ihre
Reize entführen heissen.

Ich hätte gewünscht, daß alle Diejenigen
zugegen wären, welche dem Theater gram
sind, und die Uebung des Adels in diesem
Fache der schönen Wissenschaften tadlen.
Wie: die Maximen des Großen, des Schönen wären also nicht für den Mund der
Fürsten gemacht? Wo klängen die Töne
der Tugend wohl schöner, als auf den Lippen der Tugend selbst!

Hier erhoben sie sich unendlich durch die
superiöre Stimmen, welche sie vortrugen,
und welche von einem der glänzendsten und
wohlbesezteſten Orcheſter begleitet waren.
Man muß gestehen, die Herzogin von Hildburghausen that Unrecht, daß sie Prinzeßin
ward: sie wäre der Schmuk unserer Opern
und

und die Göttin des Gesangs in Europa
worden.

Ihr glaubt, es war ein bloſſer Zeitvertreib? Nein, es war ein Lorbeer, den der
Taxiſche Hof ſeiner berühmten Liebe zum
guten Geſchmak und dem Schuz, welchen
er den Künſten weiht, im Angeſicht des
Publikums aufſezte.

Votum

Votum

der gemeinen Vernunft

in einem wichtigen Prozeß.

Gewis, ich bin sehr geneigt, die Ansprüche eines wälschen Grafen auf das Erbtheil Mahmud's zu respektiren; besonders wenn sie von einer königlichen Akademie genehmigt sind. Der glükliche Besitzer dieser Ansprüche aber mus das Publikum nicht insultiren.

Ich gehöre nicht zu den Spöttern, über die sich der Graf Casati beklagt, daß sie seinen Prozeß *) lächerlich zu machen suchten; ich darf mich also frei erklären.

„Seins

---

*) S. Pieçes relatives aux droits de la famille de Mr. le Comte *Cabrio* de *Casati* d'Acri sur certains distriêts de la Domination Ottomanne et de la Crimée. Vergl. mit Mémoire de Mr. le Comte Augustin de Casati d'Acri, Chambellan

II. Bändchen.   O   de

„Feinde des geheiligten Eigenthums-
rechts.„ Dieß ist scharf! Dieser Vorwurf
zieht in wichtige und lehrreiche Erörterungen
über die Natur des Besitzes. Er interessirt
folglich jeden denkenden Mann.

Macht blosser Besiz — oder noch weniger
blosser Titel — ein rechtsbeständiges Eigenthum? Oder gehört zur Natur des Eigen-
thums auch, daß es wol erworben sey?
Dieß ist eine erhebliche Frage. Sie veran-
laßt zum Nachdenken über den Grundsaz des
Besizes, welcher von faulen und altfränkischen

de S. M. J. R. A. Chef actuel de son illustre
famille, présenté à la cour Imperiale de toutes
les Russies. Ferner: Gedanken eines deutschen billig und gesezmäßig denkenden Pa-
trioten über das Recht der Oberherrschaft,
welches dem heil. R. Reiche über die Städte
Akre und Famagusta zukömmt, auf welche
leztere auch die gräfl. Familie von Casati,
die zu Mailand ihren Siz hat, rechtmäßige
Ansprüche macht. Regensburg, 1781: 4. —
Sodann: Nouveaux Mémoires de l'Academie
des sciences et des belles lettres. Berlin 1781.

schen Juristen so lang mißbraucht wurde, in
den neuern Zeiten aber näher geprüft wird.

In gereinigtem Lichte betrachtet, ist nun
der Anspruch der Familie Casati der Anspruch eines Räubers. Sie reklamiren die
Eroberung ihrer Ahnen, Graf, als ein Eigenthum: aber was hätten die ursprünglichen
Besizer desselben zu reklamiren? Wenn die
Erben der Kreuzzügler — dieser illustren
Räuberbande — alle Eroberungen heraus-
fodern sollten, worauf ihre Vorfahren Anspruch machten: so möchte wol einst den
wahren Eroberern des Orients, den Höfen
von Petersburg und Wien, für ihre Mühe
und Kriegskosten wenig übrig bleiben.

Ich dächte also, Sie unterdrükten wenigstens Ihren schönen Zorn auf die Publizisten,
wenn Sie großmütig und schlau seyn wollten. Diese möchten Sie sonst auf die Fabel
von der Bärenhaut weisen.

Frohe Aussichten.

Ich weis nicht Mehr, als 5—6, die ich von der Regel ausnehmen möchte, daß die Regenten überhaupt gute Geschöpfe sind. Alles Böse, was unterm Himmel geschieht, kommt von den Räthen her.

— Und zwar nicht von den Ministern. Denn diese sind größtentheils Automaten; Halbköpfe, welche despotisch von den Räthen ihres Departements beherrscht werden.

In der That, eine Neuigkeit beim Lever vortragen, einen Handlungstraktat, eine Heirath entwerfen, ein Friedensbündnis stiften — oder trennen, täglich eine Stunde Audienz geben, und fremde Gesandte bei der Tafel gut unterhalten: dazu scheint nicht viel Genie erfoderlich zu seyn.

Oder weis man Mehr von ihnen? Die Natur macht, wie es scheint, einen gerin-

gen

gen Aufwand, um einen Minister zu bilden. Dies beweist der Anblik. Wären sie die großen Köpfe, wofür sie sich anstaunen lassen: so müste die Helfte der Begebenheiten in Europa sich nicht ereignet, und die andere Helfte eine andere Wendung genommen haben. Es müste weder die Scene in Amerika, noch jene in Frankreich entstanden seyn; der siebenjährige Krieg, so wie der gegenwärtig türkische, müßten sich anderst geendigt haben; man hätte keinen Bund nötig, um die Macht Ruslands zu hemmen: sie wäre nie so weit gekommen.

Allein sie sehen Nichts voraus; sie können Nichts ändern. Sie folgen dem Strohm der Ereignisse; und ihr ganzes Verdienst ist, je mehr sie mit guter Miene zu schwimmen wissen.

Warum ist man also den Regenten und ihren Ministern feind? Warum macht man ihnen das Leben so sauer? Die Projektenschmiede, diese Insekten der Höfe und der Regirungen, sind's, worauf wir Jagd ma-

D 3 chen

chen sollten. Der Kardinal Fleury hinterlies zu Versailles zwei große Gewölber, von
der Erde bis an die Deke voll Projekte an-
gebeugt. Diese Gewölber waren die ordentliche Gänseweide der Commis von den aus-
ländischen Angelegenheiten und den Finanzen
unter Meaupeu, Choiseul, Terrai ꝛc. ꝛc.
Wie der Graf von Malesherbes die Siegel
bekam, so lies er die Thüren vermauren,
und darüber sezen: das Verderben von
Frankreich.

Man kan sicher behaubten, daß sich die
Zahl der Projektenmacher in Europa gegen
die Zahl der Arbeitsmänner wie Eins zu
Drei verhalte. Dieser infamen Quelle haben wir denn die Lotterjen, die Mauthtariffe,
die Getraidesperren, den Diensthandel, und
all jene unselige Erfindungen zu danken,
welche die Regenten verhaßt, und das Publikum rasend machen.

Mich deucht, ich höre aus der Tiefe der
Pirenäen das Orakel über den gegenwärtigen
Zustand der Politik in Europa hervorrufen.

„Aber

„Aber nun das politische Europa! Was
stellt Das dem betrachtenden Philosophen
für ein Bild dar? Schwache, unwissende
und tirannische Regirungen — Völker, deren Kräfte durch ihre Laster erstikt worden —
Privatinteressen, welche über das allgemeine
die Oberhand haben — die Sitten, so den
Gesezzen zu Hilf kommen sollten, und die
oft wirksamer sind als sie, verachtet oder
verdorben — Völker aus Vorsaz und durch
Grundsäze zu Boden gedrükt — Staatsauf-
wand, der die Einnahme übersteigt — Auf-
lagen, die für die Kräften des Lands immer
zu gros sind — Höfe durch Pracht, Ueppig-
keit und Mismuth untergraben — Regirungen und Räthe, denen das Schiksal der
Menschen und des Staats gleichgültig ist.
2c. 2c. 2c.„ *)

Was ist zu thun? — Warten.

Wenn das Licht, welches über unserm
Scheitelpunkt steht, sich entwikelt, wenn es
D 4 seine

*) Essai general de Tactique par GUIBERT. —
  Avant propos.

seine wohlthätigen Strahlen in die Kabinete
der Regenten, und in die Mitte der Kanz-
leien verbreitet; wenn einst die reine, vom
Schlendrian abgezogene, Vernunft sich der
Köpfe und der Herzen der Magistratur be-
mächtigt haben wird; dann werden Regirungen entstehen, wie sie seyn sollten —
und wie es noch keine giebt. Beamtete
werden Männer des Volks, nicht nur des
Fürsten, werden. Der Schwarm der Projektenmacher wird zerstäuben, wie Schweiß-
fliegen am Herbstreif. Und die Regenten
werden keine andere Wahl mehr haben, als
entweder ihrem Beruf zu folgen, oder das
Heiligthum des gesellschaftlichen Vertrags
zu respektiren.

Etwas

über die Vergleichung

zwischen der pohlnischen Konstitution,
und der französischen.

Daß es einst ein wichtiges Tagwerk für den Staatsgelehrten und den Weltweisen seyn wird die Vergleichung beider Gesezzgebungen, der pohlnischen und der französischen, Das ist unláugbar. Gegenwärtig aber wáre es noch zu frühe, daran zu denken — weil die französische erstlich noch in der Geburt begrifen ist. Wenn wir sie einst haben werden, dann laßt uns unsere Kräften üben.

Vor der Hand scheint's, daß sie wenig Aehnlichkeit haben dörften. Und so mus es auch kommen, wenn sie der Vergleichung würdig seyn wollen, weil sich jede gute Ge-

sezzge-

ſezzgebung nach dem Temperament, nach der
phyſiſchen und politiſchen Lage der Nation
richten muß: welch Beides nun zwiſchen
den Sarmaten und Neu-Franken ſehr ab-
ſticht.

Soviel läßt ſich inmittelſt einſehen: beide Völker wollen von der ſtrengſten Ariſto-
kratie, unter der ſie ſchmachteten, in ge-
mäßigte Monarchie übergehen. Aber die
franzöſiſche Conſtitution iſt ein Original; die
pohlniſche hingegen, wie ihr erlauchter Stifter ſelbſt geſteht, ein Miſchmaſch von der
engliſchen, amerikaniſchen, neufränkiſchen
und altpohlniſchen. Der Brennpunkt der
leztern iſt die Verwandlung des Wahlzepters
in das erbliche. Die erſtere ſcheint ſich in
der Erblichmachung der Volksrechte und des
geſellſchaftlichen Vertrags zuſpizen zu wollen.
Dieſe iſt ein Werk der Ueberlegung und der
Wirkung der menſchlichen Vernunft; jene
ein Werk der Noth. Die franzöſiſche ent-
ſprang aus einem Plan, die pohlniſche aus
dem Zufall. Dies ſind, deucht uns, die
Kennzüge-beider Conſtitutionen. Sich in
nähere

nähere Vergleichung darüber einzulassen,
wäre noch zur Stunde Thorheit.

Daß man sich nicht über die Ruhe wun-
dere, womit die Revolution in Warschau
durchgieng! Ein Volk, das eigentlich keinen Willen hat, das, in die tiefste Unwissen-
heit und Sklaverei versunken, ohne Einsicht
und ohne Gefühle ist, wird jeder Idee folgen, die man ihm vorlegt. Seelen, die
weder durch falsche Vorurtheile verderbt,
noch durch wahre Kenntnisse gestärkt sind,
werden leicht geleitet. Bei ihnen, deren
natürlicher Geistshang die Trägheit ist, findet jede Richtung, die man ihnen geben
will, Eingang. Man darf überzeugt seyn,
daß der zehnte Theil der pohlnischen Nation
eigentlich nicht weis, was ihm gegeben,
oder genommen wurde.

Dieser gerühmte Vorzug macht also den
Philosophen nicht irre. Er weis, daß der
Erfolg eines Anschlags nicht immer der Be-
weis innerer Güte ist; daß man bei einer
Nation, wo die Verschiedenheit der Karak-
tere

tere sehr klein, alle Schnellkraft aber todt
ist, die Beugsamkeit der Geister für kein
Wunder auslegen muß. Ein einziger Woie-
wode, der die Würfel zu bezahlen im Stand
war, wenn er das Signal gegeben hätte,
konnte das Spiel ändern, und diese schein-
bare Ruhe in die lebhafteste Massakre ver-
wandlen.

Der erste Schimmer der Wahrheit, so
schwach er auch ist, hat für unerfahrne
Seelen allzumächtige Reize, daß sie einem
trostlosen Zweifel Plaz geben sollten. Wie
könnte man von einem Gemüte, welches
das Vergnügen zu denken noch nie gekostet
hat, fodern, daß es Gesezze prüfen soll.
Wer nicht einen geübten Geist besizt, der
glaubt gern, was ihm Andere vorsagen,
und wer die Trägheit der Seele liebt, der
findet seine Rechnung dabei, sich leiten zu
lassen.

Laßt uns also nicht durch den Glanz blen-
den. Einst wenn wir beide Gesezzplane vor
uns haben, wenn wir sehen werden, daß
sich

sich der pohlnische nicht bloß auf den Vortheil des herrschenden Theils einschränken,
daß er sich nicht nur auf die äussere Form
der Staatsverfassung beziehen, sondern auch
das innere Wohl des Volks — die Natio-
nalerziehung — umfassen sollte: daß er mehr
ein Werk der Philosophie, der Menschliebe, der Erleuchtung, als das Spiel des
Drangs oder des Zufalls sei; und daß er
den Grundsaz des öfentlichen Besten mit jenem der öfentlichen Noth zu vereinigen suche; denn wollen wir entscheiden, welchem
von beiden der Vorzug zukomme.

Post-

Poſtſcript
zum Vorigen.

Ja: ſo wenig iſt die Revolution in Pohs
len ein Original, daß ſogar die Idee dazu
nicht neu iſt, ſondern ein wahres Plagiat
zu ſeyn ſcheint.

Im Jahr 1782 erſchien eine Flugſchrift.
Man ſchrieb ſie verſchiedenen Staatsgrüb-
lern zu, z. E. Herrn Fox, dem Grafen
Smettow ꝛc. ꝛc. *). Hier iſt ihr Titel.

Causes politiques secrettes
ou
Pensées philoſophiques
sur divers événements, qui se sont passés de puis
1763 jusqu'en 1772.
Par

*) Wahrſcheinlicher mus man es vielleicht dem
Conte di Broglio, Brudern des Marſchalls,
oder, noch mehr, der Chévaliere d'Eon zu-
ſchreiben.

Par
un Ministre d'Etat qui ne se soucie plus de l'être.

Lusum insôlent. ludere pertinax.

A Londres aux depens du Lord North.

𝕾𝖎𝖊𝖍𝖊 𝖉𝖆 𝖘𝖊𝖎𝖙𝖊 63 𝖎𝖈. 𝖎𝖈.

,,*Nous ne pouvons trop répéter qu'il est indispensable pour parvenir au bût, que nous proposons, de proscrivir définitivement le droit électif de la couronne de Pologne, et de la donner sous un titre héréditaire à la maison de Saxe.*,,

,,*En appellant ainsi au Trône de Pologne une maison qui a dejà une préférence de faveur par les rois qu'elle y a fournis, puissante par elle-même, pouvant s'y maintenir et se faire respecter, l'on coupe la racine aux intrigues de la Russie et de la Prusse qui n'ont cessé de desoler cet infortuné pays.*,,

,,*En*

„*En accordant l'hérédité de la Pologne
à la maison de Saxe, il est un* art *) *de
mettre en opposition les Grands et le peuple,
et pour mieux affermir cette nouvelle domination il faudroit égàlement proscrire le
joug tirannîque qui rend le peuple serf, es-
clave de chaque domaine en naissant, par
une loi formelle et précife' qui permettra les
propriétés indépendantes et personelles, àu-
thorisèra l'ordre des successions, en défé-
rant enfin au Monarque seul le droit de
vie et de mort.*„ **)

„*Les grands fiefs, qui balancent l'àu-
thorité royale doivent étre aussi supprimés
et réduits aux seuls titres honorifiques de
Prin-*

*) So wäre alſo unſer Zweifel (S. oben) nicht
ungegründet, daß die Konſtitution Staniß-
law Auguſt's weniger ein Werk der Menſch-
liebe und der Achtung für die bürgerliche
Freiheit ſeyn könnte, als ein Inſtrument der
Politik und des Partheigeiſts.

**) Genauer konnte doch der Autor die neueſten
Geſezze in Pohlen nicht errathen, wenn er
auch ihre Verfaſſer beſeelt hätte.

Princes, Ducs, Comtes etc. etc. et suivant
la nouvelle éréction et confirmation qui en
sera faite par la pure grace de Roi.„

„Ces terres cependant étant le patrimoine
souvant héréditaire des Magnats et des
Grands, ne cesseront de point leur appar-
tenir en propriété, sauf les droits directs
et utiles de la couronne pour l'hommage en
plein exercice de la souveraineté, ensorte
qu'il n'y aura plus aucune espece de servi-
tude dans toute la domination polonaise.„

„Par ce moyen les Grands, déchus tout-
à-coup de l'état d'indépendance, qui nour-
rissoit leur despotisme, assujettis à l'hono-
rifique Lige de la pure mouvance royale, à
l'instar des autres états policés de l'Eu-
rope s'accoutumeront d'autant plus facile-
ment à cette souveraineté absolue, qu'ils
n'ont plus depuis le partage, que l'ombre
de la liberte.„ *)

„Mais

*) Iſt's nicht, als hätten jene Landbothen, wel-
che mit der Konſtitution unzufrieden ſind,
dieſe Stelle geleſen?

II. Bändchen.   P

„*Mais le démembrement de la Pologne ne peut subsister. Les troits cours doivent rendre les provinces quelles lui ont ravies, à fin que cette puissance soit en état d'elever une barriere de force contre le Turc et la Russie.*„ *)

Der Verfasser, Dem, wie man diesem Stük ansieht, weder Einsicht noch Grundsäze, noch Reflexionen fehlen, meynt, es würde nicht schwehr halten, diesen Plan durchzusezen, weil der pohlnische Adel sehr verdorben und sehr blind wäre, alle europäischen Höfe aber die Nothwendigkeit empfinden müsten, eine tüchtige Scheidemauer zu gewinnen, um die Russen und die Türken im Zaum zu halten, und dem Emporstreben der Einen so wie der Andern zu widerstehen.

Er

*) Dies wäre also der Knoten vom Stük. Laßt uns doch erwarten, ob das Orakel hier eben so gut eintrift wie im Uebrigen.

Er zweifelt aber, ob das Haus Sachsen

— — *pour peu qu'elle ait de*
penétration, et qu'elle ne se laisse
pas surprendre par l'ambition — — —

pag. 71.

das Präsent annehmen würde.

———

P 2   Selbst=

Selbstgespräch

des Priors von Monte = Cassino.

Armer Maulwurfhügel, du zitterst? Was
soll aus dir werden? Solltest auch Du den
Zoll der Natur bezahlen, und dem Schiksal
deiner Brüder, der benachbarten Berge,
unterliegen wollen?

Warum also zittern? Die Natur ruft.
Warst du nicht von Ewigkeit her ihr Spiel?
Verdammte sie dich — mit mir und allen
Legionen von Kalojern, die dich bewohn-
ten — nicht zum Untergang?

Wenn die Natur bebt, und Berge in
Konvulsionen sterben: was wollte der Mensch
winseln. Wen der Tod in Blizzen abzuholen
würdigt, der ist glüklich. Er verläßt das
Theater dieses Lebens, und die gezwungene
Rolle, die er spielte, ohne weder Kothurn
noch Soken zu bedauren.

— Hier

— Hier liegt ein Buch. Das Brevier?
Laßt uns noch einen Blik hineinwerfen, ehe
sich Wahrheit und Irrthum scheiden. —
Nein: die attischen Nächte sind's.

Gleichviel! — Non esse compertum,
sagt hier der Verfasser, cui Deo rem divi-
nam fieri oportet, cum terra movet. —
Die andächtigen Römer liessen also Fetien
ansagen, wenn sie die Erde unter sich zittern fühlten: Aber, sezt Gellius hinzu, weil
sie nicht wußten, welchem Gott oder welcher
Göttin die Erschütterung zugeschrieben werden müsse: so hüteten sie sich, die Hymnen
anzustimmen, aus Furcht, sich zu irren, den
wahren Urheber des Mirakels zu beleidigen.
Die klugen Leute!

Wenn Jemand, so fährt dieser Schriftsteller fort, das Fest entheiligt hatte, so
war ein Söhnopfer nötig. Man weihte die
Hostie: *si Deo*, *si Deae* etc. weil man nicht
wußte, ob die Ursache des Erdbebens männ-
lichen oder weiblichen Geschlechts sey!

Ist's

Iſt's möglich! Die Pontifen überlegten
alſo nicht, daß die unter der Erde einge-
ſchloſſene, durch eine phyſiſche Urſache in
Bewegung geſezte, und nach Ausdehnung
ſtrebende Luft die Urſache jener Stöße ſeyn
könnte, die wir Erdbeben nennen, und die
izt den Monte Caſſino erſchüttern? Es fiel
ihnen nicht ein, daß ſich dieſer Mechanism
der Natur weder durch Prozeßionen, noch
4ſtündiges Gebeth hemmen laſſe? Welcher Zuſammhang wäre zwiſchen einem gäh-
renden Volkan und der Bewegung eines
Roſenkranzes?

Nein: arbeite immer fort, Natur! Er-
fülle deine Beſtimmung. Mein Gebeth ſoll
dich nicht hindern. Hier liege ich auf meinen Knien, bereit, mich, ohne Furcht und
ohne Murren, in deine Arme zu werfen.

— Aber ſiehe! Der heilige Berg bebt
ſchon nicht mehr. Die Wolken zertheilen
ſich. Das Geſtirn des Tags vergoldet bereits wieder die Zinne des Kloſters. Dein
Wille geſchehe, anbethenswürdiger Quell
des

des Lichts! Sey uns willkomm, du erscheinest in Ungewittern, oder auf den Strahlen der Sonne!

So gäbe es also keinen Ableiter, Erdbeben zu beschwören, und den Kampf der Natur aufzuhalten? Diese sezt ihren ewigen Gang fort, ohne sich weder an unsere Furcht noch an unsere Gelübde zu kehren. Sie arbeitet in Zuckungen, bis der Brennstof, der ihre Eingeweide zerfleischt, sich erschöpft hat. Alsdenn kommt die Ruhe von selbst wieder: und die Natur blüht nur um so schöner auf.

Wie sehr haben folglich die Sterblichen Unrecht, Götterzorn zu nennen, was Streit der Elemente, Spiel ewiger Naturgesezze ist. Und sollte die Gottheit ein würdigeres Betragen vom Menschen verlangen als — still halten und anbethen.

Mit

Mit Einem Wort — —

Mich dünkt, der Streit zwischen dem
Adel und der Nationalversammlung in Frank-
reich drehe sich um das Dilemm, welches
Diogen von Sinope dem athenienfischen
Duc Philomedon vorlegte.

„Sie können Ihren Stand nur vermöge
des gesellschaftlichen Vertrags besizen. Dieser allein kan Sie dabei beschüzen. Jeder
Vertrag aber sezt wechselseitige Verbindlich-
keiten voraus. Zuverläßig erhielten Ihre
Ahnen die Würden und Güter, so sie auf ihr
Haus sammelten, nur unter der Bedingung,
das Ihrige dafür zum Besten des Staats
beizutragen. Nun heist aber essen, trinken,
tanzen, küssen, schlafen, täglich in einem
Schwimmer nach Versailles fahren, sich in
dem Vorsaal einigemal auf der Spize des
Absazes herumdrehen, und dann wieder zu-
rükeilen, um sich in der Opera zu zeigen,

sicher-

ſicherlich nicht das Seinige zum Dienſte des
Vaterlands beitragen. Sie müſſen alſo entweder einräumen, daß es keinen geſellſchaftlichen Vertrag gäbe; und dann muß es uns
erlaubt ſeyn, unſere Aerme zu berechnen,
und Sie, vermöge des Rechts des Stärkern, davon zu jagen; oder Sie müſſen
uns Ihre Nüzlichkeit und Nothwendigkeit
beweiſen.„

In der That, auf dieſes Dilemm iſt ſehr
wenig zu antworten. Auch ſezte es Philomedon in ziemliche Verlegenheit. Ich wüſte
nicht, aus Was man es widerlegen könnte,
als aus dem Rechte der Hummeln und der
Horniſſe.

Cle-

Clemens, der vierzehnte,
im Elisium.

Zweiter Aufzug.
Sixt V. Clemens XIV.

S. **V**erzeihen Sie meiner Haſtigkeit, Pabſt Ganganelli. Ich hörte in der Entfernung Ihre Geſellſchaft lebhaft ſprechen. Ich kenne Gregor VII; er iſt ein ſtolzer und eigenſinniger Geiſt. Um Sie aus der Verlegenheit zu ziehen, weil ich Sie, ungeachtet Ihrer Schwachheiten, hochſchäze, zeigte ich mich. Ich wuſte wol, daß es das Mittel war, Sie loszumachen. — Und nun, Pabſt Clemens, da wir frei ſind, laſſen Sie uns unſere Geſchäfte abthun. — Wäre es demnach möglich, daß Sie das Talent miskennten, womit ich
mich

mich durch die dornichte Wege, welche
vor mir lagen, hindurchschlang. Ja,
mein Bruder, ich muste mich verlarven,
ich muste klein zu seyn scheinen, um gros
zu werden. Meine Kollegen, die Kardi-
näle, waren freilich — wie sie es noch
heut zu Tage sind — Kalbsköpfe; aber
sie verlangten doch einen Prätext, ihre
Dummheit zu rechtfertigen.

C. In der That, Jene müssen sehr dumm
gewesen seyn, weil sie Ihnen Ihre eigenen Dummstreiche übersahen. Gestehen
Sie mir, heiliger Vater, es war' eine
der grösten Unbesonnenheiten, als Sie
Ihre Krükke im Angesicht des Conclave
von sich warfen. Wie: wenn es einem
einzigen Kardinal eingefallen wäre, zu
protestiren, daß das Scrutinium nicht in
der Ordnung sey? Zwanzig Jahre Kunst
und Verstellung waren alsdenn mit Einem-
mal verloren.

S. Daran haben Sie Recht. Ich gestehe
es, das war' ein Knabenstreich. Meine
Vor-

Voreiligkeit konnte mich theur zu stehen
kommen. Aber weisen Sie mir den Mann,
dem, wenn er zwanzig Jahre nach einem
Schaz gesucht hat, und ihn izt findet,
nicht der Kopf ein wenig schwindlich wird.
Ihnen, von Dem man behauptet, daß er
wider seinen Willen Pabst worden sey,
mus dieser Paroxism freilich fremd seyn.

C. So gieng damals zu Rom die Rede.
Ein ehrgeiziger Mensch, sagte man, würde nicht die ganze Nacht hindurch geschla-
fen haben, daß man ihn zu seiner Krö-
nung aufweken muste. — Allein, Dies
ist's nicht, worauf ich stolz bin. Ein
Spottvogel könnte versezen, Wer so tief
schliefe, der bewiese vielmehr, daß er zuvor lang gewacht hätte.

S. Lassen Sie uns denn sehen, auf was
sonst Sie stolz seyn dörfen. Etwan auf
die Strenge Ihrer Regirung? Pabst Clemens! Dies sollten Sie vor Ihrem Meister sagen dörfen? Sixt V regirte mit dem
Ernst eines Tiber. Er wuste zu strafen!

C. Ich

C. Ich wuſte — zu begnadigen.

S. Vor ſeinem Nahmen zitterte das Laſter.

C. Bei dem meinigen lächelte die Tugend.

S. Wenn ich öfentlich erſchien: ſo verkroch ſich der Poebel. Alle Hoheit und Größe verſchwand vor meinem Blik. Ich hatte es der Welt ſo tief eingedrükt, daß der heilige Vater ein über Sterbliche erhabenes Weſen wäre, daß mein Leibarzt vor Furcht erblaßte, als ich mich auf dem Todbette nochmal aufrichtete, und ihn anfuhr: Du wag'ſts, die Naſe des Pabſts zu berühren?

C. Ich kenne dieſe Anecdote. Der arme Teufel ſtarb. So Was findet ſich nun nicht in meinem Leben.

S. Soll Dies Spott ſeyn? Ihr Betragen, Herr Bruder, befremdet mich.

C. Das Ihrige — Ihnen aufrichtig zu ſagen — empört mich. Iſt der Statthalter Chriſti ein algierſcher Dey? Iſt Rom, der Siz der Apoſtel, ein Marokko oder Schi-

Schiras? Sehen Sie hier unsere Vergleichung, Pabst Sixt. Vor Ihnen floh
man wie vor dem Henker des menschlichen
Geschlechts; wie vor einem asiatischen
Barbarn, der, von seiner Leibwache umgeben, mit entblößtem Sabel durch die
Straßen sprengt, und Mord und Tod verbreitet. Bei Meiner Erscheinung schöpfte
Alles Athem. Man bestreute den Weg
mit Blumen. Die Ausdrüke der Bewunderung und der Ehrfurcht erfüllten die
Sphäre.

S. Merken Sie sich, Freund: justitia vir-
tus principum prima.

C. Gut: aber die Kunst der Fürsten ist,
sie nur auf eine richtige Beurtheilung des
Verdiensts, und auf das Ebenmaaß der
Belohnungen anzuwenden.

S. Wie die Zeiten, so die Sitten. Hätte
ich im achtzehnten Jahrhundert gelebt, so
würde ich vielleicht, statt Furcht zu erweken, mich um die Liebe meiner Unterthanen beworben haben.

C. Das

C. Das mag seyn. In keinerlei Jahrhundert aber würde Clemens XIV den Exe-
kutionen des Henkers durch die Fenster
des Vaticans zugesehen haben.

S. Sie werden bitter, mein Bruder.

C. Nein. Dies liegt nicht in meinem Karakter. Sie kennen Ganganelli'n nicht.
Um Alles in der Welt würde er Niemand
eine schlaflose Nacht machen. Ich behaup-
te vielmehr, daß die Bestrafung zuweilen
nothwendig ist. Und Ich Selbst, ich kan
ein Exempel anführen. Eine vornehme
Dame spottete über meinen Eifer gegen
die Hazardspiele. In dem Erguß ihrer
Galle nannte sie solchen Mönchlerei. Man
meldete mir's. Ich beorderte einen Prälaten von der Kammer mit dem Offizir
von der Wache in die Abendgesellschaft,
wo sie war. Hier muste er ihr laut ihren Fehler verweisen. Alsdenn muste sie
sich auf die Knie werfen. „Der heilige
Vater,, sprach er hierauf „läßt es für diesmal bei der Mönchsbuße bewenden; hüten

ten Sie sich aber, ihn nochmal zu beleidi-
gen; dann möchte er als Monarch strafen.„
Unter Ihrer Regirung sollte sie wohl so
gelinde weggekommen seyn? Ich zweifle.
Inzwischen hatte dieses Mittel die beste
Wirkung; denn Weiber kurirt man durch
Nichts sicherer, als durch Spott.

S. Und so wollen Sie mir einen subtilen
Wink auf den Abstich unserer Menschen-
kenntnis geben. Ich verstehe Sie. Aber
was half Sie immer Ihre Feinheit, armer Mann! Ließ man Sie dafür mehr
Ihr Leben genießen?

C. Troz meinem übereilten Tod zweifle ich
jedennoch nicht, daß mich die Römer nicht
liebten. Das Räthsel ist das, daß sie
den Wechsel der Päbste noch mehr lieben,
als ihre Tugenden.

S, Worinn ich schlechterdings den Vorzug
vor Ihnen prätendire, ist die Art unserer
Politik. Vor mir krochen die Souveraine
im Staub, und küßten ehrfurchtsvoll den
geweihten Pantoffel. Ich war's, der jene
furcht-

furchtbare Ligue anspann, welche die fran=
zösische Monarchie bis auf ein Haarbreit
ihrem Sturz entgegenführte, und einen
der gröſten Könige das Leben koſtete. So
müſſen Päbſte regiren!

C. So?

S. Ja. Nicht wie Ganganelli's. Vor
Denjenigen auf die Knie fallen, deren ge=
bohrner Richter man iſt! Sich zum Spei=
chellecker Derjenigen machen, denen man
zu befehlen hat! Wäre Dies einem Po=
tentaten erlaubt, welcher der Nachfolger
eines Gregor, eines Innozenz, eines
Sirt iſt?

C. Und doch nannte man mich den Königs=
pabſt.

S. Vielleicht, weil Sie ihr Geſchöpf waren.

C. Um Vergebung, mein Bruder: ich
ſchmeichle mir vielmehr, daß man dar=
durch in Einem Wort ausdrüken wollte,
was mir der Dukes von Gloceſter einſt
in einer öfentlichen Audienz ſagte: Sire,

England würde nicht vom heiligen Stuhl getrennt seyn, hätte das Jahrhundert Henrich's VIII einen Pabst besessen wie Sie.

S. Mein Gott! Berufen Sie sich doch nicht so oft auf den guten Fuß, worauf, Sie mit den Monarchen stunden. Es ist sehr unlöblich für einen Pabst, die Freundschaft der Kezer zu besizen.

C. Indessen vertrugen Sie, mein Bruder, sich sehr gut mit der Kezerin Elisabeth. Und ich möchte meinen Pantoffel nicht darauf wetten, Sie hätten die Besizerin von England ihrer unglüklichern Nebenbuhlerin — diesem bedaurenswürdigen Opfer ihrer Religion und ihrer Schönheit — vorgezogen.

S. Sie halten sich immer an Nebensachen, an das Spiel Ihres Wizes, Pabst Clemens, Statt daß Sie bei der Klinge bleiben sollten. Meine Krükke, die Fenster im Vatican, ein Bonmot, der mir vielleicht auf die Rechnung einer Prinzeßin ent

entwischte, welche zu gleicher Zeit Pabst
der Puritaner und der englische Sixt war;
diese Armseligkeiten beschäftigen Sie unendlich. Davon hingegen gedenken Sie
Nichts, daß mein Betragen immer nach
den Regeln der feinsten Staatsklugheit
eingerichtet war.

C. Hievon bin ich so sehr überzeugt, daß
ich mir zu behaubten getraue, wenn Sie
zu Meiner Zeit regirt hätten: so hätten
Sie die nehmliche Politik beobachtet, wie
Ich. Man mus gestehen, Sie waren keiner von jenen geistigen Päbsten, die das
Erbtheil der Apostel ruhig kränken sahen,
und den Eingrifen der weltlichen Herren
Nichts entgegen sezten als Gebeth und
Andacht. Sie würden weder Avignon
noch Benevent mit Gleichgültigkeit in pro-
fanen Händen gesehen haben. Sie würden der französischen Nationalversammlung
die Zähne gewiesen; und der Donner des
Vatican würde mitten unter sie geschlagen
haben. Durch eine neue Ligue würden
Sie das französische Reich erschüttert,

Q 2　　　　　und

und den stolzen Thron dieser Dämagogen
umgestürzt haben. Sie würden nie nach
Wien gereist seyn, um einem gegen das
Ansehn des römischen Stuhls rebellischen
Kaiser Schönheiten zu sagen; sie würden
vielmehr einen Kreuzzug nach Palästina
ausgeschrieben, oder sich mit dem Türken
selbst verbündet haben, um ihn zu beschäftigen, und ihn von den verhaßten Ideen
der Philosophie, nach welchen er regiren
wollte, zu zerstreuen. Die deutschen Bischöfe, diese räudigen Schafe, würde ein
Sixt V mit der Geißel der Kirche zu Paa-
ren getrieben, und ihnen die Köpfe zu-
rechtgesezt haben. Mit Einem Wort,
Was würde nicht geschehen, Was würde
nicht unterblieben seyn! — Aber, großer
Pabst! Sezen Sie sich nunmehr an Meine Stelle; verändern Sie die Karte des
Spiels. Als Henrich des IV siegreicher
Arm jene infame Ligue, welche der Religion ewigen Vorwurf machen müßte,
wenn die Laster der Pfaffen auf ihre Rechnung kämen, niederschlug, und Rom drohte, war er Ihnen damals noch der ver-
ächt-

ächtliche Bearner? Hielten Sie die sträf-
lichen Bande, worinn dieser Prinz mit der
schönen Gabrielle, wie es die ganze Welt
wuste, lebte, wohl ab, jene Ekkommuni-
kation, die Sie über ihn verhängt hatten,
geschmeidig zurükzunehmen, sobald er der
Stärkere war? Sprechen Sie nun, wenn
Sie die ganze christliche Welt, durch den
verrätherischen Zunder der sogenannten
Philosophie, in Gährung gesehen; Venedig, Neapel, Portugall vom Schwindel
angesteckt; Spanien und Frankreich auf
dem Punkt mit dem römischen Stuhl unheilbar zu brechen; Teutschland völlig der
Erziehung entlaufen gesehen hätten: sollten Sie etwan aus dem verrosteten Arse-
nal der Kirche einen Bannstrahl genommen, und ihn in die Flamme geworfen
haben, um sie noch mehr zu entzünden?
Oder hätten Sie, nach der Lehre des Ev-
angels, den Staub von Ihren Füßen ge-
schüttelt, und Ihren Thron verlassen? Gewis, Keines von Beiden. Was lag nun
in der Mitte? Fühlen Sie und sprechen
Sie, Pabst! Was war das einzige Mit-

tel,

tel, welches die menschliche Klugheit Ihnen in diesen Umständen übrig lies?

S. Ein Schrökschuß, im rechten Moment losgelassen, hat öfters wunderthätige Wirkung gemacht.

C. Sie vergessen, mein Bruder, daß ich der Zeitverwandte der Choiseul, der Pombal, der Aranda, der Firmian, der Voltaire, der Hontheim ꝛc. ꝛc. war; daß man das Geheimnis längst erfunden hatte, sich gegen die Schüße des Vatican fest zu machen, und die Blizze der Datarie durch den Preßbengel abzuleiten.

S. Hui! Man intrikirt: man macht Kabalen, Allianzen: man hezt den Poebel auf durch Mirakel, durch Thränen, durch Ablaßbullen. Alle diese Dinge, und tausend andere, wirken. Sie ersezen die Schwäche der Bannblizze und der Kanonen von San Angelo.

C. Aber, heiliger Vater — Christusstuhl — und Kabalen! Zeitliche Interessen — und Mirakel!

S. Schwach-

S. Schwachköpfigkeit! Miseeren! In das System der Kirche gehört Alles. Hier gilt das Dogma: der Zwek heiligt die Mittel.

C. Ich kenne dieses Dogma. Es ists, wordurch sich die Gendarmerie des römischen Stuhls, die Jesuiten, berühmt machte. Aber es ist just einer von den Haubtgründen, warum ich diesen Orden aufheben muste. — Und denn Ihre Allianzen! Mit Wem wollen Sie sich alliiren, wenn Sie alle Welt gegen sich haben?

S. Pabst Ganganelli: es ist genug! Ihr Kopf ist eben so spizfindig, wie Ihr Herz feig ist. Es bleibt mir nur noch ein Augenblik übrig: so wird mich die unveränderliche Ordnung des Schiksals auf ewig von Sie trennen.

C. Aber Sie sind doch so gefällig, mir zuvor ihr Versprechen zu erfüllen? — Was habe ich vom Rathschluße des Schiksals zu erwarten? Vergönnen Sie, daß ich Sie daran erinnere.

Q 4   S. Heute

S. Heute ist Konsistorium, um zu berath-
schlagen, wie man die neue Heilige aufnehmen soll, welche Pius VI so eben den
Franzosen gab. — — —

C. Ein armseliges, kleinerliches Mittel,
die Nation zu gewinnen!

S. Bei dieser Gelegenheit werde ich mich
vors Erste befragen, ob ich Ihnen Ihr
Urtheil eröfnen darf; das heißt, mein
Bruder, ob Sie dieser Eröfnung würdig
sind. Der Himmel tröste Sie! Durch
einen Pedell der heiligen Inquisition werden Sie meine Antwort erfahren.

Clemens XIV.

So viel ich sehe, so wartet hier ein schlech-
ter Zeitvertreib auf mich. Diese Leute bringen, wie es scheint, alle ihre Ansprüche,
ihre Launen, ihren ganzen geistlichen Hoch-
muth mit in Himmel. Also auch im Elisium
ist man nicht von Leidenschaften frei? Be-
glükt,

glükt, wer sich soviel möglich schon auf der
Erde von ihnen loßgemacht hat.

Einen hätte ich also vom Hals. Dem Himmel sei Dank! Nun erwartet mich noch
eine böse Stunde für den Andern. Werde
ich sie eben so glüklich überstehen? Dies
ists, was mir das Schiksal ohne Zweifel
aufbehalten will. Ihr gütigen Götter, wo
mögen die Wohnungen der Platone, der
Virgile und Marc Aurel'e liegen!

— Konsistorium! — Hätte ich recht gehört?
Hem! Derjenige sagte also eine große Wahrheit, welcher behauptete, daß das Regiren
ein süßes Ding wäre, weil es sogar diese
Leute im Himmel nicht unterlaßen können.
Aber, wie mag es in ihren Versammlun-
gen aussehen? Gregor VII und Sixt! Alexander VI und Benedikt XIV! Feur und
Schwefel! Das Laster und die Tugend —
und in der Mitte der Ehrgeiz! Nein:

meine Seele komme nicht in ihren Rath;
und mein Ruhm sei fern von ihnen.

Cle-

Clemens XIV. Mathild.

M. Ist's erlaubt, Sie in ihren Betrachtungen zu unterbrechen? Ich komme im Nahmen meines Vaters, Sie zur Fortsezung unseres Gesprächs einzuladen.

C. Gräfin: ich bin Ihr unterthäniger Diener. — Ich vermuthete Seine Heiligkeit im Konsistor.

M. Noch ists eine Stunde Zeit bis dahin. Der Pabst will sie Ihnen schenken.

C. Allzuviel Gnade! Eilen wir also, mich darum verdient zu machen.

M. Die Laube, wo er uns erwartet, ist nicht weit. Lassen Sie mich den Augenblik benuzen, meine Neugierde zu stillen. Pabst Ganganelli, mich quält eine gewiße fürwizige Idee. Ich behielt mir sie auf, bis wir allein wären. Wollten Sie mir solche wol gewähren? Mit Einem Wort, edler Mann: ists wahr, daß Sie niemals verliebt waren?

C. Ma

C. Madam!!

M. Ohne Umschweif, trauter Mann! Hier behauptet man, Sie hätten nie eine Mätresse gehabt. Und Dies schokirt das ganze Reich der Päbste und Prälaten.

C. So gestehe ich Ihnen dann, daß ich unbehilflich genug war, die glänzenden Beispiele, die mir diese Herren hinterließen, zu vernachläßigen.

M. Mais Ganganelli! Man hat doch wenigstens eine Nichte, wenn man Pabst ist, und zu leben weis. Man ist seinen alten Bekanntschaften Achtung schuldig. Wie könnte man sonst seine Stunden anbringen. Auch die Grazien waren im Gefolge der Philosophie.

C. Gregor der große kan's bezeugen.

M. (macht einen Knix.)

C. Was mich betrift: ich lernte sie nur aus den Büchern kennen. Die Natur that in diesem Punkt wenig für mich; und ich rächte

rächte mich dafür an ihr durch Grundsäze. Ohne Nepoten, wo möglich ohne
Minister, regirte ich. Nicht, als ob ich
unempfindlich gegen die Bande des Ge-
blüts war. Aber meine Anverwandten
waren bescheiden, und der Himmel be-
hütete mich vor der Versuchung. Meine
Schwester, die bei den Kloster-frauen all'
santa Maria Magdalena del corso ein-
gekleidet war, erhielt lediglich Nichts von
mir — sogar nicht eine Reliquie.

M. Ein Pabst ohne Nichte! Laßt uns gestehen, Das ist eine Seltenheit. Soll
man es Ihnen glauben? Je nun: ich
bin ein billiges Geschöpf. Ich bewundere
Sie. Eilen wir nunmehr, Papa'n zu
finden.

Ende
des zweiten Aufzugs.

Note

Note
zum Text.

„In einer Unterredung mit der Düchesse Polignac, zu Venedig, äußerte der Kaiser (Leopold II?) die Erklärung:

„wenn sich die Nationalversammlung gegen meine Schwester thätlich vergehen sollte: so werde ich mich mit meiner ganzen Macht rächen, und sollte Paris darüber in einen Aschenhaufen verwandelt werden.„

Dies lehrt uns der Sottisier der Teutschen *).

Unverschämter kan man doch einem Monarchen nicht begegnen. Womit verdiente wohl Leopold diese Beleidigung. Eine solche Lächerlichkeit steht ihm gänzlich unähnlich:

1— weil

*) Junius 1791. S. 621 — 1sten Bands.

1— weil es eine Inkonsequenz wäre, die gegen seine Ueberzeugung liefe; denn die Octoberscene zu Versailles war doch mehr als hinlänglich für einen thätlichen Angrif:

2— weil sie seiner berühmten Gerechtigkeit und Menschliebe widerspräche. Wenn ihn die N. V. beleidigt, warum soll das schuldlose Publikum dafür büßen:

3— weil sie seine Klugheit beschämen müste. Man hängt, sagt das Sprüchwort, Niemand bevor man ihn hat. Leopold ist kein Markis Bouille. Dergleichen Klopffechtersprünge erlauben sich Monarchen nicht. Wenn Frankreich vertilgt würde, wer würde die Schulden bezalen:

4— weil man sich nicht gegen Leute äußert, die man innerlich verachtet.

Und Dies nennt sich denn die politische Geschichte seines Jahrhunderts schreiben!

— nicht doch: sondern die Geschichte seiner Kopflosigkeit verewigen.

Lady

Lady Kolombine.

Ein Abendmährchen.

Miß Kolombine war die Erbin eines un-
geheuren Landguts. Ihr Vater, ein schlich-
ter Erdensohn, lebte nach dem Muster der
Urmenschen. Sein Zeitvertreib war Jagen
und Fischen, und sein Daseyn Essen und
Schlafen. So trieb er's bis an sein Ende,
welches in die Regirung Jakob's II fiel.

Die Miß trat also eine unermeßliche
Wüste an. Denn der alte Kauz hatte im
Brauch, von seinem Gut gerade nicht Mehr
anzubauen als ihm nötig war; und Dies
war wenig. Das Uebrige blieb folglich wild
liegen. In der That, den Lehren seiner
Mutter, der Natur, folgsam lebte er, bei
Rosbif und Weizenbier, eben so bequem
als kunstlos. Bei ihm fand man weder
Spiegel noch Tapeten. Die Haut von einer
Klapper-

Klapperschlange und einige Hirschköpfe: dies war die ganze Zierde seiner Wohnung. Sein Vergnügen war eigentlich Ausbälgen.

Sir Albion, ein junger Londner, machte sich mit ihr bekannt. Sir Albion ist, wie man weis, der Sohn eines vornehmen Wichts. Sein Vater, ein gewißer Herr Olivier, hatte sich geschwungen. Er war nehmlich eines von jenen unächten Kindern des Glüks, womit diese tolle Göttin zu spielen pflegt, und die sie, so wie Erd- schwämme, aus dem Staub emporschießen läst. Aus einem gemeinen Soldaten machte sich Olivier zum Parlamentsglied, dann zum Lord, dann zum Minister. So hinterlies er denn seinem Sohn eine hübsche Brief- tasche, welche meistens aus Goldbarren und Bankzetteln bestund.

Dieses Vermögen nun suchten die Vor- münder des jungen Lords anzulegen. Ihre Wahl fiel also auf die Miß. Sie hatte Land und der Lord Geld. Beides zusamm- geworfen eröfnete ein schönes Perspectiv.
Die

Die Miß war ein gesundes, sanftes Geschöpf, aus der sich, wie es schien, Etwas bilden ließe; und mit den Mitteln des Lords konnte ihr Landgut angebaut werden. Unterdeß that diese Ehe nicht lange gut. Der Lord konnte sich unmöglich von London trennen. Da lebte er auf dem Fuß eines grossen Herrn, immittelst er die Lady auf dem Lande ließ. Da seine Wollüste und sein Geiz unersättlich waren; denn er hielt neben der Lady noch verschiedene Mätressen: Alles war nach seinem Geschmak, es mochte eine Maratte seyn oder eine Negresse: er hatte seine Kuppler bis in Schina und Otaheiti — so preßte er seine Gemalin ohnaufhörlich um Geld. Sie konnte nicht genug auftreiben, um die Wechsel, die er auf sie zog, zu bezalen. Dafür schikte er ihr eine Menge Schnurrpfeifereien, z. E. Porzellan, Thee, Strohhüthe, ostindische Saktücher ꝛc. ꝛc.

Eine solche Lebensart ermüdete die Lady. Man schmollte, man keifte, man zankte sich. Die Lady sprach vom Scheiden, der Lord von der Hezpeitsche. Allein sie fand tüchtige

Advokaten. Mit deren Beistand setzte sie die Scheidung wirklich durch. Man muß gestehen, daß der Lord von den Advokaten seiner Seite nicht so gut berathen war.

Troz einem der hartnäkigsten und kostbarsten Prozeße war also die Lady wieder in Freiheit. Nun nahm sie sich vor, nicht mehr zu heirathen. Sie beschloß, Strohwittwe zu bleiben, und sich mit ihrem Hauswesen und mit der Erziehung ihrer Kinder zu beschäftigen. Das Gerüchte behaubtet, der Lord hätte zwar sehr bald seinen Irrthum eingesehen, und, nachdem er jene des Ehemanns unwiderbringlich verlohren hatte, sich in die Rolle des Hausfreunds einzuschmeicheln gesucht. Auch hätte seine ehemalige Gemalin, aus einer Simpathie, welche, wie man sagt, abgeschiedenen Eheleuten ankleben solle, einige Zeit noch eine heimliche Neigung für ihn empfunden. Aber das Alter mäßigte endlich die Leidenschaft bei ihr; und sie machte aus der Freiheit ein System.

Zwei

Zweiter Theil.

Sobald Kolumbine ihre eigene Frau war: so fieng sich das Mustern an. Erstlich dankte sie die Livrey des Lords ab. Alsdenn versammelte sie die Tanzmeister, die Mahler, die Geiger, die Fechtmeister, die Jokeys, womit der Lord das Haus bevölkert hatte. Es ist genug! sagte sie: meine Söhne sollen weder Pflastertretter, noch Stuzer, noch Fuchsjäger werden, sondern sie sollen Handwerker lernen, Fabriken anlegen, und ihr Gut bauen. Hierauf zalte sie die Bande aus, und gab ihnen ihre Abschiede auf die Hand. So machte sie es mit den Gouvernantinen und Puzmädchens ihrer Töchter. Sie pakte solche auf einen Postwagen, und schikte sie nach London zurük.

Nach dieser Exekution schritt sie zu ihrer eigenen. Bringt mir, rief sie, meine Fichus, meine Federbüsche, meine Windfächer, meine Linons, meine Uhren 2c. 2c. her. Alles zusamm wurde auf einen Haufen geworfen

fen und Strohe umher angelegt. Dann
wurde es angezündet, und der Göttin Ver-
geſſenheit aufgeopfert.

Nichts blieb ausgenommen als der Stroh-
huth. Dieſer wurde verſchont, weil er zur
Garderobbe der Natur gehört. Denn ihr
dieſes Stük entziehen, hieße, ſie ſelbſt berauben — den Huth, der ihren Reizen ſo
weſentlich iſt, als der Venus ihr Gürtel!

Bei dieſem Triumf hielt die Lády folgende Rede: „Meine Töchtern: laßt uns zu einer heroiſchen Verachtung dieſer Puppercien
uns entſchließen. Gegenwärtig iſt der Augenblik, wo es uns noch erlaubt iſt, ſie ab-
zulegen, ohne darüber erröthen zu dörfen.
Dieſer glänzende Bettel iſts, der eure Mutter ihre Ruhe und ihr häusliches Glük koſtete. Wer mich liebt, der wirft ſeinen
Chignon darein.„

Von nun an veränderte Kolumbinen's
Haus ſeine Figur. Das Kammer-Negligée,
die grands diners und soupers fins wurden
abgeſchaft. Man beſuchte weder die Redoute
mehr,

mehr, noch das Theater. Die Feurwerke, die Conzerte, die Hahnengefechte, womit die jungen Lords sich unterhielten, verschwanden gänzlich. Das ganze Haus gewann die Physionomie eines Mönchsklosters, oder vielmehr einer Quakerboutike.

Dagegen nahm das Land zusehends auf. Der Akkerbau breitete sich aus. Es entstand ein Majerhof, eine Fabrike um die andere. Alles trieb unter der wohlthätigen Hand der Freiheit und des Fleißes in Knospen. Entfernte Familien verliessen ihr Vaterland, um sich im Lande der Gleichheit, so nannte man Kolumbania, anzubauen. Die Künste und der Handel wetteiferten ums Bürgerrecht. darinn. Hier wars, wo sich die Linie des Wohlstands vom schimmernden Elend schied.

Sogar das Geblüt empfand den Einfluß dieser fruchtbaren Veränderung. Die Kolumbanier waren durchgängig edle, starke und muntere Männer, und die Mädchens, wie das Sprüchwort sagte, die schönsten

R 3   Töch-

Töchtern der Natur. Nichts giebt reizendere Formen als Arbeit und Mäßigkeit. Dies war der Karakter der Familie. Ein simples Heideblümchen am Busen, oder auf dem Huth, welcher über natürlich wallenden Locken schwebte; ein kurzes, aber nettes Leibchen, welches den schönen Wuchs des Körpers veredelte, oder vielmehr entfaltete; ein Paar lederne Schuh, um das feinste Füßgen von der Welt zu kleiden: Sehet da die Mignatur eines kolumbanischen Mädchens.

Und was die Lady betrift: über die gieng Nichts. Sie regirte ihr Haus mit einem Originalgeist. Sie spann, sie drellte, sie buck ihr Brod, und molk ihre Kühe selbst. Alles was man in ihrem Haus brauchte, das muste in demselben verfertigt seyn. So war ihre und ihrer Kinder Kleidung, die Kleidung des Gesindes, ihr Hausgeräthe, ihr Linnenzeug von eigenem Machwerk. Die Knechte musten ihr Bier selbst brauen, die Mägde ihre Strümpfe knütten. Nichts war reizender, als Mutter Kolombine mitten unter ihren Enkeln zu sehen, welche mit rund-

geschnit-

geſchnittenen Haaren und ofnen Buſen um
eine Schüſſel Erdäpfel herumſtanden.

Nicht genug. Seitdem man aus ſeinen
eigenen Augen ſah, und nicht mehr durch
die Brillen der Faktore des Lord Albion: ſo
wurde man der Pakenträger und Muſter-
reutter los, welche bisher das Land durch-
zogen, und das Geld davon trugen. Man
hielt eigenen Markt. Da drangen ſich dann
die Fremden im Strohm herbei, um dieſe
Märkte — die ſehr bald der Mittelpunkt
von Allem wurden, was Natur und Kunſt-
fleiß in ihrem Schooße haben — aufzuſuchen.
Mit Einem Wort, die Lädy erlebte es, daß
ſie, die zuvor die Sklavin Aller war, die
Geſezzgeberin Aller wurde. Der Reichthum,
die Größe, das Anſehen, der Wohlſtand
ihres Hauſes wuchſen ſichtbar. Jedermann
bewarb ſich um ihre Verbindung.

Lord Albion machte, wie ſich voraus-
ſehen lies, Bankerut. Ein Enkel Kolombi-
nen's löste ihn aus, und ſizt izt auf ſeinen
Komptoren in London und Madras. Eine

anders

andere Enkelin heirathete nach Holland, und brachte dieses Gut an die Kolumbinsche Familie. Die Lady hatte unter andern einen Nachbar: man nennte ihn nur den faulen Peter. Es war ein alter, steifer Ritter, der seine ganze Zeit damit zubrachte, den Rosenkranz zu bethen und auf einer sehr übel gestimmten Laute zu klimpern. Seiner satt jagten ihn einst seine Unterthanen vom Gute, und warfen sich in den Schuz Kolombinello's, eines zweiten Enkels der Lady.

Dies waren die Folgen der Klugheit und Standhaftigkeit, womit Kolumbine sich und ihr Haus regirte, des Heldenmuths, mit welchem sie ihre Freiheit gegen ihren Ehetyrann behauptete, des Gastrechts und der Denkensfreiheit, die sie auf ihrem Gut einführte, der Verbannung des Luxes aus den Gränzen desselben, der Einigung, der Gleichheit und Verbürgerung unter ihren Unterthanen, ihrer Ehrerbietung für die Rechte der Menschheit und der Gesellschaft — kurz des Siegs der Tugend.

Als

Als ich es *) gelesen hatte.

Hasen Sie, meine Herren; oder wollen Sie uns zum Besten haben? Gewiß, es giebt keine honnete Seele in Europa, welche nicht Abscheu an der Clique hätte, die Sie die Propaganda nennen; aber kein denkender Mensch wird sich seine Ruhe nehmen lassen, so lang Sie nicht bessere Beweise führen.

Wer wird auf die unverbürgte Aussage eines armen Sünders, welcher etwan der Zudringlichkeit seiner Inquisitorn durch ir-

R 5　　　　　　gend

*) P. J. VItes Stück 1791.
　　　　　i. e.
Honnete Rhapsodie aller europäischen Zeitungen, für Teutschland.

„ce siecle ridicule est celui des brochures,
„des chansons, des extraits, et surtout des
　　　　　　　　　　injures.

H—g. 8°.

gend eine Tonne, so er ihnen vorzuwerfen
gedachte, ausbeugen wollte, eine Thatsache
bauen; zumal wenn die Schrift, welche diese Anecdote liefert, selbst apokryf ist?

Noch mehr: wer wird durch einen Menschen Etwas beweisen wollen, den Sie zu
gleicher Zeit für den gröbsten Betrüger und
Lügner erklären?

So ohnräsonirt ist Ihr System. Sie
verlästern Ihren Calliostro, und stellen ihn
doch zu gleicher Zeit zum Zeugen auf.

Vermuthlich fehlte Ihnen das Seitenstük
zu jener Seifenblase, womit man uns bisher unterhielt, dem belobten Kryptokatoli-
zism. Sie suchten es in der Propaganda.
Man muß gestehen, Sie konnten nicht glüklicher greifen. Eine Schimäre ist der andern vollkommen würdig.

Ich gratulire Ihnen zu Ihrem Sieg beim
großen Haufen. Was mich betrift, ich
möchte mir, wie Lessing spricht, mein Antheil
hübsch klar und wohlräsonirt ausbitten.

Nichts

Nichts als Voltaire??

Ja, meine Herren. Ich erweise Ihnen die Genugthuung, Alles was Sie wider das Andenken dieses berühmten Geists sagen, anzuhören und zu lesen. Lassen Sie mir dafür jene, seiner Leiche zu folgen, und mich mit dem Gemälde derselben zu unterhalten. So Was sieht man nicht alle Tage. —

Es soll hier stehen, um Mir eine angenehme Stunde, Sie aber, wenn Sie wollen, bersten zu machen.

* * *

Das Publikum hatte beschlossen, die Asche Voltaire's zu verewigen, und sie ins National=Pantheon beizusetzen. Sein Leichnam wurde also von Sellieres, wo er vor den Verfolgungen des Fanatism, in der Verborgenheit lag, abgeholt. Es war am 10ten Jul. dem Tag, wo Mahomet das

erste=

erstemal auf der Bühne erschien, als er vor
dem Schlagbaume zu Paris ankam.

Der Stadtrath, in Pontificialibus, em,
pfieng ihn, und hob ihn vom Wagen. Er
wurde auf einen Siegeswagen, in römischem
Costum, gesezt, und, umgeben von der Na,
tionalgarde, auf den ehemaligen Bastilleplaz
geführt, der mit Festonen ausgeschmückt war.

Auf der Mitte des Plazes erhob sich ein
Piedestal, aus den Ruinen der Bastille er,
richtet, mit der Innschrift:

> Hier, wo dich der Despotism einst
> angefesselt hielt, erwarte, o Voltaire!
> die Ehrenbezeugungen, welche dir das
> Vaterland bestimmt hat.

Hier ruhete der Leichnam Voltaire's drei
Tage lang, in seinem Sarge, auf dem
Paradebett.

Am 13ten begann der Leichenzug. Drei,
hundert Kanonen kündigten ihn an. Hier,
auf folgte das Geläute aller Glocken der

Stadt

Stadt und der umliegenden Gegend. Eine erhabene, höchstfeyrliche Simfonie.

Der Stadtrath erhob sich in 52 Trauer-wägen nach dem Bastilleplaz. Von hier aus gieng der Zug.

A— National-Kavallerie.

B— Eine Abtheilung National-Schanz-gräber.

C— Kriegsjugend (die Hofnung des Va-terlands,) mit ihrer Musik und Fahne.

D— Die Klubbs, nach ihrem Alterthums-rang, mit ihren Panieren. *)

E— Das

*) Die Brüdereinung (la societé fraternelle) führte folgende Devise in ihrem Panier:

> Grands dieux! Exterminez de la terre où nous sommes,
> Quiconque avec plaisir repand le sang des hommes.

Ein anderer Klubb jene:

> Les mortels sont égaux: ce n'est pas la naissance,
> C'est la seule vertu, qui fait la difference.

E— Das Bastille-Vierthel (La section des plantes,) bestehend aus Maurern, Zimmerleuthen, Dachdeckern und allen jenen Handwerkern, die zur Niederreissung der Bastille beitrugen.

F— Die Bürgerschaft der Antoniusvorstadt (in deren Bezirk die Bastille lag).

G— Eine Amazone, mit einer Picke in der Hand; auf deren Spitze man las:

ultima ratio Populi.

H— Ein Brankard, getragen von 4 Römern, worauf die Vaterlandskrone ruhte.

I— Sämmtliche Maires von den umliegenden Dorfschaften und Gemeinden.

K— Ein Brankard, getragen von 4 Sirakusanern, worauf das Protokoll von der Einnahme der Bastille am 14 Jul. 1789 lag.

L— Herr Dussaulx, der erste Ersteiger des Walls, mit den Bürgern, die ihn unterstützten.

M— Ein

M— Ein Brankard, getragen von 4 Spar-
tanern, mit den eroberten Waffen der
Baſtille.

N— Eine zwote Amazone.

O— Ein Brankard, mit der Figur der
Baſtille in erhobener Arbeit, getragen
von der Brüderſchaft zum Freiheits-
hut.

P— Das Bruſtbild Mirabeau's, umrungen von 4 Medaillons mit den Bil-
dern: Fränklin's, Rouſſeau's, Deſil-
le's und Montesqieu's.

Q— Die Waffenbrüderſchaft.

R— Die Schweizergarde.

S— Les cent - Suisses.

T— Die National-, Waffen-Reuterei,
(Gendarmerie,).

Hier machte der Zug eine Art von Interball.
Nun entwikelte er ſich aufs Neue.

A— Die Brüderſchaft der Freunde der
Konſtitution.

B— Raths-

B— Rathsmänner (Electeurs).

C— Viertels - Vorgeher.

D— Das Theater.

E— Die Bildsäule Voltaire's, umrungen
von den Zöglingen der Zeichner - und
Mahlerakademien. Sie waren alle in
antikem Kostum, und jeder trug einen
Medaillon mit dem Titel eines der
Werke des Unsterblichen. (So folg-
ten ihm seine Werke nach, und mitten
unter denselben siegte er über den
Neid und die Ränkesucht.)

F— Die Litteratur — als die Familie
Voltaire's, in Traurflöhren.

G— Zween Genien, die in einem goldnen
Kasten, worauf eine Leyr und ein Lorbeer lag, eine Edition von den Werken Voltaire's, prächtig gebunden,
trugen.

H— Die Traurmusik, in antikem Kostum.
Sie spielt Hymnen und Chöre auf diese
Feyrlichkeit eigens gesezt.

I— Die

I— Die Musen, in ihrem Kostum, mit Traurflöhren.

K— Der Sarkophag, ruhend auf einem antiken Traurwagen von 12 schneeweissen Pferden, je vier und vier in Einer Linie, gezogen. In dem Sarg lag der Leichnam offen, mit zum Himmel gerichtetem Angesicht, und zu seinem Haubte schwebte der Ruhm, der eine Krone über ihm hält. Zur rechten Seite des Sargs folgende Innschrift in Gold:

Er rächte
Calas, la Barre, Sirven
und Montbailly.

Zur linken:

Er ist's, der unsere Freiheit vorbereitet hat.

L— Der Syndikus von Paris.

M— Das Korpus des Stadtraths, an dessen Spitze der Maire, Herr Bailly.

II. Bändchen.　　S　　N— Eine

N— Eine Deputation von der National-
Versammlung.

O— Stadtoffizianten und Beamten.

P— Landbeamten.

Q— Das Korps der Veteraner.

In dieser Ordnung gieng dieser prächtige
Zug, entlangs den Boulevards, gegen die
neue Brüke zu. Als man in die Gegend
des Opernhauses kam, so wurde Station
gemacht. Unter dem Bogen desselben befand
sich die ganze Opera, im Kostüm des Samson (eines von den lyrischen Produkten dieses großen Geists,) welche das Brustbild
des Herrn von Voltaire umrang, und ihm
eine Hymne sang. Ein sehr rührender und
festlicher Akt.

Dies geschah im Gesichtskreise des Hau-
ses seiner Ziehetochter, der Frau von Villette. Dieses Haus war ganz besonders aus-
geschmükt. Eine ewig grünende Halle, an
deren Decke eine Bürgerkrone in Guirlanden
hieng, bildete den Eingang. In dieser Halle
saß,

faß, auf einem Amphitheater, ein Kreis
von Nimfen in weissen Kleidern, mit Rosen-
kränzen auf dem Haubt, und himmelblauen
Schärpen um den Leib. Mitten im Kreise
Mild-Schönchen *) in tiefster Trauer, das
Haubt gesenkt und mit weissen Rosen geschmükt, eine Schnur von weissen Rosen
über die Schultern und Hüften, und ein
weisses Tuch in der Hand. Neben ihr ihre
Tochter, in gleichem Kostum zwischen den
zwo Töchtern des unglüklichen und unver-
geßlichen Calas. Dieses Bild war äusserst
interessant.

Die Halle war so angelegt, daß der Zug
mitten hindurch gehen muste. Wie nun die
Bildsäule **) (von Houdon's Meisel,) unter
den Dom kam: so machte der Zug Halt.
Die Frau von Villette stieg mit feyrlicher
Grazie vom Amphitheater herab. Tiefge-

S 2　　　　　beugt

*) la bonne et belle: der Ziehnahme, den der
　Herr von Voltaire seiner Pflegetochter gege-
　ben hatte.

**) Ee oben.

beugt und von Empfindung durchbrungen
näherte sie sich dem Bilde, legte ihr Haubt
auf seine Brust und schien einige Minuten
in stillem Schmerz zu schmelzen. Alsdenn
ergrif sie die Bürgerkrone, und sezte solche
dem Bild auf.

Dies war der Augenblik, wo das Ent-
zücken des Publici in lauten Strohm aus-
brach. Man bewunderte den Anstand, die
Rührung, die Ehrerbietung der Frau von
Villette. Es war die erbaulichste Scene
von der Welt.

Nachdem sie ihre Tochter umarmt, und
ihr das Bild des unsterblichen Mannes zu
küssen gegeben, somit solche gleichsam öfentlich der Tugend, der Vernunft und der Freiheit geweiht hatte: so schloß sie sich und das
Chor von Nimfen an den Traurzug, welches
dann denselben unendlich verschönerte.

Auf der neuen Brücke machte der Zug
zum drittenmal Station, um den reichen und
ausnehmenden Gesichtspunkt, den ihm hier
die Lage lieh, wirken zu lassen. Hier war's,
wo

wo eine Million Menſchen zuſammfloß, und
dieſes Schauſpiel in ſeiner ganzen Wirkung
genoß. Hier drukte ſich das Nationalempfind-
nis aus, durch die feyrlichſte Stille und
Ehrfurcht. Hier genoß das Publikum in
vollen Zügen den Ueberblik und die Ordon-
nanz des Ganzen, und äuſſerte ſeinen Beifall darüber *).

Allein hier zeigte ſich auch einer der ſchön-
ſten Züge im Dram. Die ſublime Ode,
welche Herr Chesnier auf dieſes Feſt ge-
dichtet, und Herr Goſſec in Muſik gebracht
hatte, wurde hier aufgeführt. Ein Meiſter-
ſtük des Genie in beiden Künſten; denn die
Poeſie drükte nicht nur das Lob Voltaire's,
als Wohlthäters der Menſchheit, in den
erhabenſten Strophen aus, ſondern die Muſik
ſelbſt beſtand aus lauter antiken Inſtrumen-
ten, die nach den Figuren an der Bildſäule

S 3 Tra-

*) Ein ſchlichter Bauersmann vom Lande ſeufzte
laut: Traun! Das wäre alſo der Mann,
der uns enteſelte? (Eh bien! le voilà donc
celui qui nous a déſembêtes!)

Trajans kopirt waren, und worauf sich die
Tonkünstler besonders einstudirt hatten. Diese Idee that nicht nur einen neuen, sondern
auch einen ausnehmenden Effekt.

Nun gieng unter dem Gedränge eines
unüberzählbaren Volks, das immer voran-
lief und den Weg mit Blumen bestreute,
der Zug am alten Theater vorbei. Eine ge-
mahlte Leinwand bedekte den Froton. Zween
Genien krönten das Brustbild Voltaire's
mit einem Eichenkranz. Unterhalb stand:

Im siebenzehnten Jahr seines Alters
sezte er Oedip'n.

Es war schon Dämmrung, als man das
Nationaltheater erreichte. Eine Kolonade,
mit Guirlanden und Festonen im feinsten Geschmak versezt, präsentirte sich. An jeglicher
Säule glänzte in einem Medaillon der Titel
eines der dramatischen Werke des Verewig-
ten: z. B. Alzire, Merope, Mahomet ꝛc. ꝛc.
Darüber hin:

Im drei und achtzigsten Jahr seines
Alters schrieb er Irene.

Man

Man weilt. Die Musik führt einen Chor
aus dem Samson auf — und zwar denjenigen, wo er die Freiheit lobt.

Nach diesem segnet man die Leiche ein,
und senkt sie in die Gruft des Pantheon
(ehemals zur heiligen Genofeve,) neben die
Urne Mirabeau's.

Ein solches Opfer des Genie liefert uns
weder die alte, noch die neue Geschichte.
Die Legende der Heiligen bebt davor zurük;
und die Philosophie, von tiefem Schauer
gerührt, bezeugt, daß dergleichen Züge nur
dem Sieg der Freiheit und der Menschlichkeit zukommen. Nie, seit die Welt um die
Sonne läuft, widerfuhr einem Sterblichen
ein solcher Triumf. Aber laßt uns gestehen,
daß die Nation, welche dergleichen Ideen
zu fassen und auszuführen weis, sehr groß
und sehr erleuchtet seyn müsse.

D y a-

Dyatribe.

„Küßt Lippen, die nach Küssen geizen,
„und Busen, die zu Liebe reizen.
„Küßt jeder Schönheit holden Siz,
„die Stirne reich an ächtem Wiz.
„Und wollt ihr noch was Mehrers wissen:
„Nichts bleibe leer von euren Küssen!

Sehet da einen treflichen Vers. Nichts
ist feiner, noch süsser. Laßt ihn uns noch
'mal hören.

— Halt! ruft eine Stimme von der vier-
ten Gallerie herab — Kontrebande! Ich
lege Beschlag darauf.

„„Wer sind Sie, Freund? Sie sind sehr
dreust, uns in unserm Vergnügen zu stö-
ren.„„

— Messieurs: ich bin eine Mousche von
der litterarischen Polizei, und zwar vom
Depar-

Departement von Leipzig. Mein Metiòr
ist, den Autoren aufzupassen, und jede
ungestempelte Waare, zum Vortheil der
gelehrten Zeitung, anzuhalten.

„„Da haben Sie nun ein sehr heilloses
Metier.„„

— Immerhin! Allein der Vers ist nach
dem Pastor Fido:

    Bacci per bocca etc. etc.

Und da es der Autor nicht anzeigt: so ist er
in die Strafe verfallen.

„„Und Dies berechtigte Sie also sich hier in
die Ecke zu stellen, und den Marktschreyer
zu machen? Trollen Sie sich. Wenn Sie
nichts Bessers wissen: so lassen Sie die
Leute in Ruhe.

        Traun!

wir machen uns über Alles her, wir Andern. Kein Fach der menschlichen Geschäfte, wo wir nicht reformiren, aufräu-
men, kanngiessern; nur das Rezensenten-

wesen

wesen lassen wir in seiner ganzen Barbarei bestehen.

„ „Armer Wranizki! Ich zittere für Sie.
Sollten sie Sie auf's Korn kriegen!

— Wie so?

„ „Ach! Man sagt in Ihrem Oberon fände
sich ein ganzer Chor aus dem Eröc Cinese
des Cimarofa. Wahr ist's, es ist kein
Uebel; Es ist nichts Anderes als amplifi-
zirte Schönheit. Aber die gelehrten Klopfjäger leiden nun nichts Fremdes auf'm
Revier. Sie haben es in ihr Waidrecht
gebracht — ein Recht, das ungefähr dem
Codex der Tobackreutter gleicht, daß alles
Fremde gestempelt seyn muß. Sonst führen sie den Autor zum Pranger.

— Welche Coujonerie! Das Stük, so ich
vortrage, kennt entweder der Zuhörer,
oder er kennt es nicht. Im erstern Fall
weis er die Quelle ohne mein Bemühen,
und ich verbinde ihn vielleicht, daß ich's
ihm nochmal zu hören gebe. Angenehme
Dinge

Dinge wiederholen sich nicht oft genug.
Und was man liebt, das hört oder liest
man gern wieder, ohne nachzurechnen,
aus welcher Hand man es empfängt. Im
zweiten Fall ist's ihm sehr gleichgültig, wer
der Verfasser sey. Genug, daß es ihm
gefällt; und er ist immer mit dem Herausgeber zufrieden, daß er's ihm ver-
schaft hat.

„ „Gut: aber die Tobackreutter!!

— Was kümmern mich die Elenden! Es
fragt sich, schreibt der Autor für sich,
oder für's Publikum? Schreibt er für
sich: so verdient er keine Rüksicht,
Schonung. Es ist eine gerechte Straf
ihn zu berauben, weil das Monopol der
Gedanken Thorheit und Unmenschlichkeit
wäre. Schreibt er für's Publikum —
der einzige Fall, der billig, honnet und
achtungswerth ist — so muß es ihm lieb
seyn, das Schöne und das Gute verbreitet zu sehen, ohne seinen Geiz beleidigt
zu fühlen. Das Gesez gegen die Kontrebande

bande iſt alſo ein barbariſches, ſinnloſes
und partheiiſches Geſezz.

Unſer Freund Wranizki könnte wohl Recht
haben. Die Jurisprudenz der Rezenſentur
ſcheint nicht immer die beſte zu ſeyn. Die
Natur diktirt uns Gemeinſchaft der Güter.
Wer weis, was die Nachkommen von Uns
nehmen werden — denn Nichts iſt ſo lächerlich noch ſo thörricht, ſagt das Sprüchwort,
Was nicht Nachbether findet. Wohlan,
man laſſe uns von unſern Vorfahren nehmen: ſo bleibt die Gerechtigkeit im Gleichgewicht. Ein Mann, der unendlich ſchönere
Dinge geſagt hat, als alle Bücherrazen vom
Rhein bis an die Wolga, ſpricht: von ſeinem Nächſten nehmen iſt Raub, von Fremden aber Eroberung.

Man weis, daß das Geſchrei über den
Plagiat die ewige Klapper der gelehrten
Klopfjäger iſt. Es gehört ſehr wenig Talent dazu, Mehr geleſen zu haben, als Andere. — Deswegen, vielleicht, iſt die Re-
zenſentenkunſt in den Händen jener Klaſſe,
welche,

welche, am Schulstaub klebend, von der
Natur blos zum Lesen verdammt wurde,
nicht zum Denken. — Allein ich bitte, kan
ich nicht in gleicher Minute die Idee hier
auf meinem Hügel haben, welche ein anderer Biedermann am Eismeer hat? Große
Beispiele bestättigen's.. Harvey und Gali-
läo! Leibniz und Newton! ꝛc. ꝛc. Diese
Bemerkung ist oft gemacht; aber nichts desto
minder an ihrem Plaz.

Wer von der Profession ist, der weis,
daß Einem öfters ein Gedanke kommt, worauf man zu schwören bereit wäre, er wäre
original. Einige Jahre später eröfnet man
ein Buch; man erröthet; es findet sich,
daß unser Gedanke alt war, daß man ihn
in seiner Jugend las, und daß er sich, weis
nicht wie, in einer Eke des Hirns ange-
sponnen haben muste.

„Lasset sie nach Art der Bienen stehlen;
das heist, ohne Jemand zu schaden; nicht
aber die Gewonheit der Ameise nachahmen,
die das Korn ganz wegträgt.„ Dies sollte
das

das Them der Bücherrichter seyn. Wer
wollte Moliere'n vorwerfen, daß er ganze
Scenen aus den Wälschen und Spaniern
genommen; oder la Fontaine'n, daß er seine Fabeln beinahe alle dem Esop, und seine
Erzälungen dem Boccaz entwendet hat.

Ein gewisser Litteraturjäger zu Verona
kramte mit unendlicher Selbstgefälligkeit und
Geräusche 3—400 Stellen aus, die Tasso
Andern theils nachgeahmt, theils abgeschrie-
ben hätte. Ist Tasso deswegen weniger
schön, weniger meisterhaft? Ist sein Nahme weniger blühend? — Hui! Aber der
Nahme des Litteraturmanns? Der ist vergessen. Dort im unermeßlichen Meere der
Unbekanntheit und Verachtung schwimmt er
neben seines Gleichen.

So machte man es Petrarch'n, Ovid,
Cicero'n, Voltaire'n — und Wem nicht?

Herr Wranizki durfte behaupten, daß
das Gesezz, seinen Urheber zu nennen, sogar
lieblos wäre. Denn es könnte sich treffen

fen — man hat Beiſpiele — daß das ent-
lehnte Stük elend iſt. Alsdenn beleidigt er
den Autor: er giebt ihn einer Verachtung
Preis, die er ihm durch kluges Schweigen
erſpahren konnte. Er verſündigt ſich doppelt: gegen die Nächſtenliebe, und gegen
die Selbſtliebe.

Kaprizze

Kaprizze

Crispin's,

des Thürhüters bei der Staatskanzlei zu Wien.

Man sucht Vergleichungen für den Staat? Seit Aristot, sagen Sie, meine Herren, wäre es die Manie der Philosophen? Die Einen fänden den Staat einem Bienenkorb ähnlich, die Andern einem Schif, oder einer Uhr. Kein Wunder daß es schwehr hält, ein richtiges Emblem zu finden, weil die Politik so veränderlich ist, daß sie dem Beobachter unter den Händen entschlüpft.

Indeß habe ich's entdekt. Ich bin der Natur auf die Spuhr gekommen: der Staat gleicht einer Perukke.

Sie lachen? Belieben Sie einen Blik auf die Geschichte der Perukken zu werfen.

Die

Die Politik geht nach gerade in gleichem Schritt mit ihr.

Das Haar wild, verwirrt, schmuzig. Dieß ist die Epoke der Staaten vom Chaos an bis auf Saturn — oder Fohi — oder Hermes — oder Setos — oder Bramah (wie's beliebt,). Erste Stufe der Peruk‑ ken — und der Geseze.

> Mutum ac turpe pecus,
> Donec verba, quibus voces, sensusque nota‑
> rent,
> Nominaque invenere — — —

Folgt die Epoke der Herkulesse und der Se‑ miramiden. Zweiter Zeitpunkt der Sitten und der Staaten. Halbwilde Welt. Man lernt die Haare kämmen, Städte bauen.

Dritte Menschenstufe: Rom und Attika — oder Numa und Solon. Man beginnt die Haare zu schneiden, und die Geseze zu sokken.

Alter der Griechen. Höhe der Kultur. Epoke der Schminke, der Salben und der Koeffüre. Größte Verfeinerung in den Haaren — und in den Regirungen.

Mit der Erfindung der Schleyer und des Machiavellißm, unter der Regirung Augußts und seiner Nachfolger, fällt der gute Geschmak, sowol in der Frisur als in der Politik, wieder;

Und geräth, unter den Barbarn, den Gothen, Vandalen, Skythen ꝛc. ꝛc. in gänzlichen Untergang. Sechste Epoke.

Das Jahrhundert der Medizäer und Karlovinger ist jenes der Regeneration der Gesezze und der Köpfe. Siebente Stufe der Perukken.

Auf selbiges sehen wir Uebermaß der Kultur folgen; Verschrobener Geschmak; Kräuselei; Unnatur; Ueberladung; Steiffigkeit; Pedanterei; Groteske — mit Einem Wort: Allongeperukken, das sogenannte Siecle de Louis XIV.

Sie wissen, meine Herren, wie sehr die Politik diesem Bild ähnlich war, bis zum gegenwärtigen Zeitpunkt, welchen man die Epoke der Natur und des reinen Geschmaks nennen kan. Beides nähmlich, Haare und Grundsäze, tretten in ihre natürliche Ordnung, in die Ordnung der Einfalt, der Wahrheit und der Kunstlosigkeit. Die Frisöre in beiden Fächern kommen aus der Mode. Man liebt weder Schleyr noch Schminke mehr. Die Köpfe bilden sich zu gleicher Zeit von innen wie von aussen.

Ich möchte wol Denjenigen unter Ihnen, meine Herren, so wie Sie hier im Saal versammelt sizen, sehen, welcher mir dieses Probestück zu verwerfen gedächte. Ja, ich wage, mir vielmehr zu schmeicheln, es dörfte der Ausführung einer ihrer Federn werth seyn.

Erinnern Sie sich, ich bitte, daß überall, wo die Haare schlecht verschnitten, oder die Perukken vom alten Ton sind, auch die Regirung übelorganisirt ist: Beweis die

Tür

Türken, die Pohlen, die Wälschen, und die
Schweizerrepubliken, das heutige Rom und
die teutschen Reichsstädte.   Je mehr hingegen die Tracht der Haare sich der Natur
und dem Bonsens nähert, desto lichter sind
dann die Köpfe, wie z. B. in England, in
Neu-Frankreich, im vereinigten Amerika,
und bei Uns.

Nachschrift.

Noch nie hielt ich mich für ein so beträcht-
liches Wesen in der menschlichen Gesellschaft, daß meine Addresse irgend Jemand
interessiren könnte. Was sollte mich dazu
berechtigen? Niemand kennt seine Schwäche
mehr; Niemand denkt verächtlicher und
gleichgültiger von seinen Produkten als Ich
selbst. Deswegen konnte mir binnen einen
Raum von zwölf Jahren, als ich die Ehre
habe, mit dem Publikum in Verbindung
zu stehen, die Eitelkeit nicht einfallen, solches auf meinen Wohnort aufmerksam zu
machen.

Inzwischen erinnern mich verschiedene
meiner litterarischen Freunde — Soll ich's
ihnen glauben? — daß einige ausländische
Zeitungen und Journale es als eine Nach-
lässigkeit zu ahnden fänden.

Ich

Ich bitte um Vergebung. Nie war
Mangel an Hochachtung für's Publikum
mein Fehler; und blos eine so gütige Auf-
munterung, wie diese, konnte mich bewegen,
aus meinem Dunkel herfürzutretten, und
meinen Wohnsitz zu eröfnen.

Er liegt in einem Winkel von Schwaben,
ungefähr zwölf Meilen von Augspurg, eben
soweit von Nürnberg und Stuttgartt im
Mittelpunkt zwischen diesen Poststraßen.

Hier ist's, wo ich von aller nähern Verbindung von der Welt entfernt, blos mit
der Natur und den Musen vegetire, wo
mich aber doch jede Zuschrift, welche an
das Postamt Nördlingen dirigirt ist, zu
finden weiß.

Schloß Hochhaus. In Oettingen-
Wallerstein, den 20 August 1791.

Wekhrlin.